B6

CYMYSGAD

CYMYSGADW

gan

D. TECWYN LLOYD

GWASG GEE

ISBN 0 7074 0105 4

Argraffwyd a chyhoeddwyd gan Wasg Gee, Dinbych

Er Coffâd a diolch i'm hewythr

DAVID LLOYD JONES

(1886-1967)

Hengaeruchaf

Fy athro llenyddiaeth cyntaf

CYNNWYS

1	Penbleth Cerddorol – Mwy neu Lai	...	...	9
2	Trampars	... ...	...	17
3	Nid beirdd yw'r unig gocoswyr	...	...	25
4	Stori o'r tridegau	... ...	...	...	33
5	Magi Bach	... ...	...	...	...	39
6	Locet Maesmor	... ...	...	...	48
7	E.T.	... ...	...	55
8	O! mor bêr	... ...	...	...	61
9	Mae gan y morwr eryr	... ...	...	...	67
10	Ceidrych a'i gylchgrawn	...	...	...	71
11	Miss Janet Mitchell Davies	...	...	...	76
12	Cyw drycin o lyfr	... ...	...	...	81
13	David Jones: Prydeiniwr	...	...	...	88
14	Tytandomen	... ...	...	...	97

NODYN

Enw ar lepen o wlad gerllaw fy hen gartref yw teitl hyn o lyfr. Gellir ei olrhain yn ôl i'r drydedd ganrif ar ddeg mewn hen weithredoedd ac mae'n siŵr o fod yn hŷn na hynny. Tir yn cynnal stoc gymysg o eifr a defaid a gwartheg ydoedd, mae'n debyg; dyna, o ran hynny, yw o hyd ond mai fel Cwm Sgadwy y clywais i'r enw gyntaf.

Mewn mwy nag un ystyr, o gymysg gadw y daw'r hyn sy'n dilyn. Gobeithio nad oes yma ormod o chwyn a geifr. Tâl gwael fyddai hynny i Wasg Gee am ei gofal a'i diddordeb yn hyn o waith a bargen siomedig i ddarllenwyr.

Cyhoeddwyd ambell un o'r ysgrifau mewn rhai cylch-gronau Cymraeg a diolchaf i'w golygyddion am gael eu cynnwys yma.

D. TECWYN LLOYD

Maerdy 1986

1

Penbleth Cerddorol-Mwy neu Lai

Wrth feddwl am yr holl unawdau, deuawdau, her-unawdau ac ati a glywais mewn llu o eisteddfodau mawr a bach ar hyd fy oes, byddaf yn aml yn cofio miwsig y darnau hyn yn well na'r geiriau. Mae'r geiriau yn ymrannu'n ddwy garfan, sef rhai o waith beirdd fel Ceiriog a Mynyddog (ac yn ddiweddarach, rhai o waith Eifion Wyn, Cynan, Crwys a beirdd telynegol tebyg), – geiriau y gellir eu darllen yn y cyfrolau a gyhoeddodd y beirdd hyn, ac yna, yr ail garfan, sef geiriau na chlywais mohonynt ond ar gân a geiriau y methais â dod o hyd iddynt mewn unrhyw lyfr. Digon tebyg bod llawer o'r rhai hyn i'w cael mewn rhyw gasgliad neu'i gilydd petawn i'n ddigon ymchwilgar i'w ceisio; beier fy niogi canys onibai am hynny byddwn heddiw yn deall rhediad geiriau llawer cân gyffrous, her-unawdol, yn well nag yr wyf.

Nid hawdd bob amser yw deall geiriau a genir; mae'r slyriau, yr uchafbwyntiau, y rallentandi a'r pianissimi, a'r fortissimi cynhyrfus fel petaent yn ystumio sain a rhediad y brawddegau o blaid y miwsig. Dyna lais tra godidog Erna Berger, er enghraifft, yn canu Et Incarnatus Est allan o

Offeren C Leiaf Mozart; am fariau lawer, y mae'r miwsig yn dal ar yr ail *a* yn 'incarnatus', yn dal mor hir nes bod rhywun yn anghofio beth yw'r gair cyfan. O ran hynny, mae'r miwsig mor odidog fel nad yw dyn yn malio, wir, beth yw'r gair; rhan o wyrth y gerdd ydyw.

Ond fe ddewisais enghraifft rhy aruchel, enghraifft lle mae awra'r gair Lladin fel y llefarwyd ef yn eglwysig ar hyd yr oesau yn mynd yn un â gogoniant uwch y miwsig. Nid am ddim byd mor odidog â hyn y bwriadwn sôn, ac yn awr rhaid disgyn yn denc i fyd pethau tra gwahanol.

'Brad Dynrafon' yn un. Mae'n siŵr 'mod i wedi clywed yr unawd ddramatig hon ddegau o weithiau cyn sylweddoli nad 'brad yn 'r afon' oedd ei theitl ac nad 'ar graig yn 'rafon uwch y dŵr' y safai'r morleidr hy (? neu 'du'). Bum droeon yn lled-synnu fod y morleidr wedi dewis craig mewn afon i sefyll arni; onid efo'r môr y mae busnes pob môr-leidr o bwys? Chlywais i erioed ddim sôn am afon-leidr. Od hefyd oedd manylu fod y graig 'uwch y dŵr'; gwan fyddai dyfodol y stori a'r gân, debygwn i, petai'r graig o dan y dŵr. Prun bynnag, fe gliriwyd pob dryswch pan ddeëllais yn y man mai am frad mewn *lle* o'r enw Dynrafon – neu Dunraven yn y Saesonaeg – y soniai'r gân. Dysgais hefyd gan Huw Williams mai Watcyn Wyn a wnaeth y geiriau.

Ond er cymaint fy nryswch ynglyn â Dynrafon a'i graig, nid yw'n ddim o'i gymharu â'r tywyllwch Eifftaidd a'm gordôdd – ac sy'n parhau i'm gordói – wrth geisio dilyn yr unawd a elwir 'Llam y Cariadau'. Yn ôl Huw Williams eto, rhyw Edward Jenkins biau'r geiriau ond am na welais gopi o'r unawd ni welais mohonynt mewn print. Hyd y gallaf ddeall, mae'r stori, mewn cywair trist, tempo moderato, yn dechrau :

Ar ben hen glogwyn unig
Mewn coedwig dywyll nos
A'i hwyneb yn bruddglwyfus
Eisteddai geneth dlos.

Iawn. Mae'r llun yn weddol glir, er bod gennyf amheuaeth o rediad cystrawennol yr ail linell yna. A sut y gellid, mewn tywyll nos, weld bod wyneb y ferch yn bruddglwyfus? Ond twt, peidiwn â manylu.

Yn yr ail bennill mae'r stori yn cymhlethu. Dywedir (neu fe genir):

> Hi dremiai dros y dibyn
> I'r llynclyn oedd gerllaw,
> Ond wyneb rhywun welodd!
> Llewygodd gan y braw!

H'm (chwedl R. S. Thomas y bardd). Sut y gallai hi weld y llynclyn a hithau'n nos dywyll? A sut, mwy fyth, y gwelodd 'wyneb rhywun' yn yr un tywyllwch? Prun bynnag, beth yn y byd oedd yr 'eneth dlos' yma yn ei wneud ar ben clogwyn uwchben llynclyn sinistr ar adeg pryd y dylai pob gwir gristion fod yn ei wely? A phwy oedd y 'rhywun' a ddangosodd ei wyneb iddi mewn dull mor sioclyd er gwaetha'r tywyllwch a'r goedwig?

Heddiw, ysywaeth, mae ein syniad ni o goedwigoedd wedi ei gyflyru'n go sownd gan y Comisiwn Fforestiaeth; rhengoedd trwchus o goed duon yn ymestyn yn undonog am filltiroedd a chymaint o frwgaitsh a thocion rhwng eu bonion nes ei bod hi'n amhosibl i ddim creadur mwy na llwynog ymwthio drwyddynt. I fod yn deg, er hynny, nid fforestydd y Comisiwn oedd yn bod pan sgrifennwyd y gân a'r geiriau hyn ac mae'n debyg mai am rhyw goed mawr, ond gweddol bell oddi wrth ei gilydd y meddyliai Mr. Jenkins. Fe *allai* rhywun wthio drwyddynt, tywyll nos neu beidio.

I ddod yn ôl at y ferch. Ar ôl llewygu, ac ynghanol miwsig tra chythryblus:—

> Dadebrodd o'i llewyg ond gwyllt oedd ei gwedd,
> Ei llygaid danbeidient fel fflachiad y cledd,
> Ta ram tam ta ra ra – gollyngwch fi'n rhydd!
> Tynghedwyd fi i farw cyn toriad y dydd!!

Wel wel; Ble 'ŷn ni'n awr? (Gyda llaw, fy anghofrwydd i sy'n egluro'r 'ta ram tam . . .' etc.). A hithau i farw cyn dydd, sut y caniateir iddi eistedd yn bruddglwyfus – ond yn rhydd eisoes i bob golwg – ar ben ei chlogwyn? A beth am yr wyneb a welodd erbyn hyn? A *phaham* yr oedd wedi ei thynghedu i'r byd arall 'cyn toriad y dydd'? Nid oes yma unrhyw ateb i'r cwestiynau solet yma ac yr ydym fel petaem yn cerdded mewn rhyw fyd ffantastig, Kafkaidd.

A byd sy'n mynd yn fwy felly wrth i'r hanes fynd rhagddo. Wedi dadebru, mae llais arall i'w glywed ac fe newidir amseriad y miwsig wrth ei gyflwyno i amseriad minwét neu waltz urddasol-ysgafn, tebyg i ddawns mewn neuadd plasty neu gastell. Eto, yn y goedwig, ar yr hen glogwyn unig uwchben y llynclyn y mae'r eneth dlos o hyd cyn belled ag y gall dyn farnu. Ond dyma a glyw:

'Na fy meinir, gwrando gwrando'
Meddai llais ta ram tam llon,
Mae'r ymrwymiad wedi ei selio
Seliwyd ef â'r fodrwy hon.

Mae'r holl bennill yn llawn dirgelwch. Yn gyntaf, ai'r wyneb a roes y braw llewygol i'r ferch yn gynharach biau'r 'llais ta ram tam llon'? Yn ail, mae'n amlwg mai llais ei darpar-ŵr ydyw yn hyfryd grwnio am y 'fodrwy hon'. Mae'r sôn sydd ganddo am ymrwymiad yn peri inni led-amau hefyd ei fod yn gyfreithiwr o ryw fath. Ond os hwn oedd y 'wyneb rhywun' a welodd y ferch yn yr ail bennill, ni ddisgwyliem iddi lewygu gan fraw ac felly, ai llewygu a wnaeth hi ai ynteu cyfrwys ymarfer y gimic fictoraidd hwnnw a hoffid gymaint gan enethod y dydd sef ymosodiad o'r 'vapours'? Purion lle i beth felly oedd pen hen glogwyn unig uwchben y llynclyn oedd gerllaw, 'roedd digon o farrug yn codi o hwnnw, mae'n siŵr, ta' beth am 'vapours'. Prun bynnag am hynny, beth am yr ymrwymiad 'wedi ei selio'? Peth a elwid yn 'marriage settlement' oedd hwnnw decini, ond o ble y daeth a pha bryd y gwnaed ef? A chofio tynged enbyd y ferch ar y pryd, buasem yn disgwyl sôn cynnil am ewyllys yn hytrach na chytundeb priodas; dyna, o dan yr amgylchiadau, fuasai'n weddus. Mae crybwyll 'ymrwymiad' yn peri codi aeliau. Mae'n bur debyg, hefyd, fod perchennog y llais llon eisoes yn adnabod yr eneth, onid ê mae'n garmon cyflym i'w ryfeddu, cyflymach na dim a welais mewn unrhyw nofel erioed, – nac hyd yn oed yn y disco y mae pryddest fuddugol Maldwyn yn sôn amdano. Mae hwn yn priodi cyn caru; teithio'n gyflymach na goleuni, fel petai, a chyrraedd y nod y noson cyn cychwyn.

Rhaid gadael yr holl ddirgelion hyn heb eu datrys oblegid mae'r cymal nesaf o'r gân yn llamu unwaith eto i ryw uchafbwynt penfeddwol. Llamu yw'r gair:

> Pan glywodd y feinir y newydd
> I fynwes ei chariad rhoes lam!
> Ta-râa, tamti-râ ta ra tam ta
> Dialodd y nefoedd ei cham!!

Gwarchod pawb! Dyna ddarlun. Y llam yna! Tybed ble oedd ei chariad yn sefyll? Ai wrth droed y clogwyn, rywle yn ymyl y llynclyn? Dyna sut y meddyliais i am y peth bob amser, – meddwl yn anfeirniadol hollol ac heb ystyried balisteg y sefyllfa am eiliad; meddwl am ŵr ifanc yn lleisio'n llon wrth droed y clogwyn ac yn chwifio'r ymrwymiad seliedig yn ei law yr un pryd. Ac yna, – wham! – y ferch yn anelu'n ddifeth am ei fynwes ac yn rhoi llam, – welwch chi hi'n dod? (ond na welwch, wrth gwrs, mae hi'n 'dywyll nos') – clwstwr cwmpasog o ddillad benywaidd fictoraidd, uchaf ac isaf, yn fflapio drwy'r awyr fel to pabell mewn gwynt. Sawl perdoneg eisteddfodol fu'n ei chwipio'i hunan i bensyfrdandod wrth gyfeilio i'r fath lamu cethin?!

A'r cariad? Wel. Fuoch chwi ryw dro yn rhoi help i ddadlwytho byrnau gwair, – y gyrrwr yn eu taflu o ben y llwyth a chwithau ar lawr cywlas yn eu derbyn? Beth yw pwysau bwrn o wair, – deugain, hanner canpwys? Ac uchder llwyth y lori? – ac iddo fod yn uchder cymedrol, rhowch o'n ddeuddeg neu bymtheg troedfedd. A chwithau heb hir ymarfer mi ddaliaf y byddech wedi ffagio'n lân ar ôl dal tri neu bedwar bwrn fel yna; yn wir, mi awn ymhellach a dweud na byddai ceisio dal ati i ddal mwy o'r byrnau yn gwneud unrhyw les i'ch iechyd a'ch cyfansoddiad chwi. Dyma'r math o waith sy'n achosi ysictod, straen calon, disc rhydd a phoenydiau cyffelyb i'r anghyfarwydd.

Ond nid am fyrnau gwair o ben lori eithr am ferch o ben clogwyn y mae'r gân yn sôn. Rhaid bod yn hynaws a delicet wrth grybwyll pwysau merch, wrth gwrs, ond rhaid peidio ag osgoi'r pwnc yn y cyswllt presennol. A fuasai'n anfri dyfalu fod yr 'eneth dlos' yma yn pwyso deg stôn – canpwys a deugain yn ei dillad a'i hesgidiau? A beth am uchder y clogwyn? Uwch nag unrhyw lori bid siŵr; trigain i bedwar ugain troedfedd, dyweder. Mewn cwymp rhydd, byddai'r gwrthrych yn disgyn yn ôl deuddeg troedfedd ar hugain yr eiliad, os iawn y cofiaf fy ffyseg ysgol, ond ysywaeth 'does gen' i ddim digon o'r ffyseg hwnnw ar ôl i fedru dweud wrthych beth fyddai mas y gwrthrych ar foment y gwrthdaro. Digon i fwrw'r cariad llon yn gwbl fflat ar ei gefn heb os. Hoffwn i ddim am y byd sefyll i ddal y fath lwyth â hyn'na, boed hwnnw'n eneth dlos neu fwrn o wair. Wedi'r cwbl, y *mae* pendraw i fod yn rhamantus a phawb eisiau byw, yn enwedig y rhai sy'n cario 'ymrwymiad wedi ei selio'.

Gadawn yr ystyriaethau balistaidd, felly, yn benagored, 'open range' chwedl y magnelwyr. Beth am y llinell sy'n sôn fod y nefoedd wedi dial 'ei cham' – cam a gafodd yr eneth, debygwn. Ni ddeëllais i mo'r llinell hon erioed a gwelaf yn awr nad oes dim deall arni; *tertium non datur* yw'r enw dysgedig ar beth fel hyn, mae yma rywbeth ar goll o'r stori ac felly, wrth i nodau'r piano ruo i ddistawrwydd ar ddiwedd yr adran hon o'r gân, gadawn i'r llinell fod ac ymorffwys yn y gred ei bod yn siŵr o olygu *rhywbeth;* profi ein ffydd y mae hi.

Hyd y cofiaf, mae'r unawd yn diweddu ar ryw gyweirnod a thempo carnifalaidd, ond er hynny mae'r geiriau yma eto yn codi rhai anawsterau. Dyma'r bennill olaf (mi gredaf):

> Mae'r sêr uwch ein pen oll yn gwenu,
> A'r lleuad yn edrych yn llon;
> Mae dydd ein priodas yn nesu,
> Cawn bellach gyd-ganu'n ddi-ofn.

Barddoniaeth, poëtri, wrth gwrs, y gelwir dywediadau am y sêr oll yn gwenu a'r lleuad yn edrych yn llon a gall pawb ohonom wneud a fynnom â hwy yn ôl ein chwaeth. Ond i ble'r aeth y nos dywyll gaddugol a barai i'r ferch dremio – ac awgrym y gair hwn yw rhythu nes straenio llygaid – i'r llynclyn? I ble'r aeth yr 'wyneb rhywun' a welodd cyn llewygu? 'Cyd-ganu' wedyn: yma fe awgrymir eu bod *wedi* cyd-ganu rai troeon o'r blaen, ond mewn ofn. Ofn beth? Rhyfedd a throellog yw meddwl cyfansoddwyr geiriau i unawdau.

Yr enw a roddid i'r math yma o gân yn ôl a glywais ydyw 'scena'. Cân ydyw a ddylasai fod yn rhan o opera; yn wir, gallai dieithryn yn ei chlywed am y tro cyntaf farnu mai dyna ydyw. Y tristwch yw na chafwyd yr opera erioed. Trown at Huw Williams i gael cefndir y gân a'r geiriau a dod â ni'n ôl i fyd rheswm. Ymddengys fod craig o'r enw Llam y Cariadau yng Nghwm-y-gof, ger Llandrindod. 'Y mae'r graig yn codi ar lan goediog yr Ieithon', ebe Huw, 'uwchben pwll dwfn, gwyrdd, a sonnir mewn traddodiad am ryw lanc yn ffoi gyda'i gariad trwy ysbarduno ei geffyl a'i gymell i lamu dros yr afon o ben y graig . . .' Y march, felly, nid y ferch, a lamodd ac ef, dybiwn i, ddylai gael y clod a'r gân.

Mae rhagor na chanrif ers pan gyhoeddwyd y 'scena' hon. R. S. Hughes biau'r miwsig a thua 1878, medd Huw, y cyfansoddodd ef. O hynny hyd heddiw bu mynd ar y gân a bu'r cariadau yn llamu o lwyfan i gynulleidfa filoedd o weithiau trwy bobman lle ceir canu Cymraeg.

Edward Jenkins (1836-1925) oedd awdur y geiriau a rhydd Huw fanylion diddorol amdano yn *Canu'r Bobol* (t. 56). Ar ôl blynyddoedd yn Llundain, – Cardi o ymyl Aberystwyth ydoedd – daeth i Landrindod a sefydlu Gwesty Gwalia yno ym 1889. Yno y bu wedyn; hyd y gwn, ni chyhoeddwyd llyfr o'i brydyddiaeth. Bu ganddo westy yn Llundain ac un o'i letywyr yno ar un adeg oedd R. S. Hughes ei hun.

Ond dyna ddigon o siarad sens. Nid ysbryd siarad fel yna sydd yn y gân. Gwn, wrth gwrs, fy mod yn camddeall y geiriau'n garn ac yn anghofio ambell linell a chymal. Nid cyflwyno testun cywir a dehongliad golau yw amcan hyn o lith ond mynd â mi yn ôl – ac ambell un ohonoch chwithau gobeithio – i'r neuaddau a'r pafiliynau, y festrïoedd a'r ysgoldai gorlawn, chwyslyd lle mae'r tenoriaid neu'r soprani llachar a'r e-el-si-emau neu'r el-âr-e-emau wrth y piano yn llygadu'r beirniad am yr amnaid cwta i ddechrau arni a hwylio am yr eneth dlos ar ben ei chlogwyn unig, rhamantaidd, hen. Tybed ai rhyw act oedd y cyfan ganddi? 'Does dim pendraw i ystrywiau merch. Dyna, mae'n siŵr, sy'n cyfri mod i wedi rhoi fy holl sylw bron iawn i'w hanes yn y fan hyn! 'Roeddwn i wedi meddwl sôn am . . . Rywdro eto' falle.

2

Trampars

'Welwch-chi byth ddim trampars heddiw,' meddai rhywun canol oed go bell wrthyf ryw flwyddyn yn ôl a chwanegodd, 'mae nhw wedi diflannu o'r wlad fel y regen rŷg', sef o'i gyfieithu, 'rhegen yr yd'. Gwir a ddywedodd. Erbyn meddwl, 'doeddwn innau ddim wedi gweld trampar go iawn ers deugain mlynedd neu well, mwy na chlywed y 'regen rŷg' ychwaith yn cryg regi'r byd o'i chwmpas yn y gwair ar nosweithiau mwll yng Ngorffennaf. O ran hynny, mae nosweithiau mwll yng Ngorffennaf hefyd wedi diflannu ar wahân i ryw adfywiad unwaith bob pymtheng mlynedd.

Ond i sôn am drampars. Gyda llaw, mi wn mai 'crwydriaid' yw'r gair llyfr amdanynt, ond i bwrpas hyn o lith mae gormod o ryw naws Feiblaidd neu Daith-Bereriniol ar y gair hwnnw nad yw'n ffitio'r hyn a geisiaf ei ddwyn i gof yma o gwbl. Gyda'r gair 'tramp' a 'trampars' y cefais i fy magu ac nid yr un peth yw'r geiriau hynny â 'crwydryn' a 'crwydriaid'.

Wrth sôn am 'grwydryn' mae dyn yn meddwl am greadur yn teithio'n ddiamcan o le i le flwyddyn ar ôl blwyddyn. Nid yw'n chwilio am ddim byd, neu efallai ei fod ond heb

17

ddangos hynny. Ef yw'r gwrthwyneb i'r pererin: cymeriad yw hwnnw sy'n dewis crwydro er mwyn chwilio am rywbeth, rhyw nod penodol; rhywun sydd, yng ngeiriau Pantycelyn yn 'rhyw ddisgwyl bob yr awr fod tŷ fy nhad gerllaw'. I'r rhan fwyaf ohonom, mae'r pererin yn rhywun parchus ond annealladwy, rhywun sy'n cyfri fod y byd a'i bethau yn ffair gwagedd ac yn gadlas oferedd i'w adael nerth ei garnau, – a'n gadael ninnau hefyd i ymdrybaeddu ynddo. At hyn, os yw'r pererin yn dilyn esiampl yr un a greodd Bunyan, mae'n greadur cwbl hunanol sy'n gadael ei wraig a'i blant i daro drostynt eu hunain yn ninas Distryw tra mae ef yn cyrchu am nefoedd iddo'i hunan. Fe'i bedyddid gan rai o'n chwiorydd ymosodgar heddiw yn 'riâl mochyn siofinistig gwrywaidd' neu mewn gair, baedd.

Nid y 'crwydryn' yw hwn; gallaf ddychmygu yr un chwiorydd ymosodol yn cynhesu at y crwydryn, yn ei anwylo a'i faldodi cyhyd ag y bo'n aros ysbaid iddynt wneud hynny. Mae dibwyntni ei deithio yn creu tosturi ac awydd i'w amddiffyn a all ddwysàu yn gariad mamol. Ond rhaid cofio eto nad yr un peth yw crwydryn a thrampar er bod y ffin rhyngddynt weithiau'n un denau ac y gallant orgyffwrdd. Yn ei ffordd ei hun mae gan y trampar ei nod yn hyn o fyd, ond yn wahanol i'r pererin, yn y byd hwn ac nid mewn byd arall y mae'r nod hwnnw.

Enghraifft bwrpasol o'r agosrwydd hwn oedd trampar-grwydryn a gofiaf pan oeddwn yn hogyn. Ni chlywais erioed beth oedd ei wir enw ond fel 'Y Sgarwr Mawr' yr adweinid ef ym mro Uwchaled a ffiniau gogleddol Edeirnion. I'r oes brin ei geirfa Gymraeg sydd ohoni heddiw 'falle y dylwn esbonio'i lysenw. Un o ddyletswyddau fferm yn y gwanwyn cynnar neu ddiwedd y gaeaf oedd cario tail y buarth i'r caeau, ei ddadlwytho'n ddyrrau o fewn ychydig lathenni i'w gilydd ac wedyn, chwalu neu wasgaru'r tyrrau yn wastad dros holl arwynebedd y tir. Gwaith digon blin oedd hwn o dan yr hen drefn, yn gofyn am fforch ysgafn a giewynnau cefn a braich gwydn a diflino a phan fyddai gwaith arall yn pwyso, byddai rhai ffermwyr yn cyflogi rhywun i'w wneud am geiniog neu ddwy y tŵr, – ac ambell gybydd yn gofalu fod y tyrrau yn rhai mawr ac ymhell oddi wrth ei gilydd! Ar lafar, aeth 'gwasgarwr tail' yn 'sgarwr tail' ac yna yn 'sgarwr' yn unig fel petai'n gwbl ddealledig na ddefnyddid y gair hwn ond mewn cysylltiad â thail ac mai dyn yn gwasgaru tail a dim byd arall oedd 'sgarwr'. ('chwalu' calch a wnaem a 'hau' basig slag a giwana).

I ddod yn ôl o'r crwydro ieithyddol hwn, 'roedd y crwydryn-drampar dienw y dechreuais sôn amdano wedi ennill y teitl 'mawr' yng ngolwg y wlad. Rhaid ei fod yn lluchiwr tail ymroddedig a diarbed a bod talpiau gwrteithiol yn hedfan o flaen ei fforch yn un gawod i bob cyfeiriad. Eto, hyd y cofiaf, dyn gweddol fyr, eiddil ac ysgafn ydoedd, un nid annhebyg i Jeff Jones, fy hen gydweithiwr gynt. Ond peth mwy anghyffredin yn ei hanes oedd fod ganddo wraig a'i bod hi yn ei ddilyn lle bynnag y digwyddai fod yn 'sgaru. Er na allaf fod yn hollol siŵr, fy lled-atgo yw ei bod hithau hefyd yn trin y fforch a'i bod yn 'sgarwraig a serch nad oedd ganddi deitl ei gŵr yn y maes, yr oedd hi ei hunan yn ddynes fawr, fwy o lawer nag ef. Yn wir, bob tro y meddyliaf am y ddau, byddaf yn cofio'r wraig honno, Cymidei Cymeinfoll, yn stori Branwen yn dilyn ei gŵr allan o Lyn y Pair: 'ac od oedd fawr ef', ebe'r stori, 'mwy ddwywaith oedd ei wraig nag ef'.

Rhaid eu bod bellach wedi ymuno â'r mwyafrif ers llawer blwyddyn a'u bod, pwy a ŵyr, yn 'sgaru gwrtaith candifflosaidd hyd lawntiau a dolydd rhyw gartref paradwysaidd y mae beirdd a diwinyddion yn honni gwybod amdano. Gobeithio hynny; digon main fyddai hi arnynt yma ar y ddaear bellach lle mae pob twr tail wedi hen ddiflannu yng nghrombil y sgarwr peiriannol.

Dyna'r Sgarwr Mawr a'i wraig. Pwy oeddynt ac o ble y daethant, 'dwn i ddim. Mwy nag y gwn i ymhle y claddwyd hwy i fynd, fel y tail a wasgarent, yn un â'r ddaear. Maent mewn un arall, decini, o'r 'beddau a'u gwlych y glaw'.

I gnoi eto asgwrn y gair trampars, rhaid closio at ganolfur y gwahaniaeth rhyngddo â geiriau eraill sydd, fel petai, yn yr un maes neu'n well, yn yr un daflod, a sôn am rai a oedd yn wir drampars. Rhai oedd y rheini a ddeuai o gwmpas yr un cylchoedd ar adegau penodol o'r flwyddyn a rhai a oedd yn barod i ystyried a chydsynio, ar ôl meddwl yn galed, i wneud hoe o waith cyhyd na ddisgwylid gormod ganddynt. Ar y cyfan 'roedd gwaith i drampar yn dramgwydd, eu melltith fel dosbarth ac embaras i fynd y tu arall heibio iddo heb or-graffu i'w weld. Ond 'roedd gan ambell swllt neu hanner coron achlysurol ei gysuron a rhaid oedd gweithio am dâl felly. Tueddai gwaith, hefyd, i ddwysàu yn ystod y gwanwyn a'r haf ond gyda thymor caledi'r gaeaf 'roedd lloches i'w gael mewn wyrcws. Efallai fod y gair Saesneg 'wanderer' yn cyfleu ystyr 'crwydryn' ac yn cyferbynnu'n fwy pendant â'r gair 'tramp' na'r gair Cymraeg. Beth bynnag am hynny, tramp oedd yr hen Wil Hanam.

Un o Lanrwst oedd Wil ac i wyrcws y lle hwnnw yr âi dros y gaeaf. Erbyn yr haf, byddai'n codi allan ac yn dod i aros a gweithio pyliau gyda'r cynhaeaf gwair ac yd yn ein hardal ni. Cymro glân, wrth gwrs, gŵr tenau yn gwargrymu ychydig, wyneb cul a mwstas gwyn helaeth a gwallt wedi britho'n drwm. Pan gofiaf amdano gyntaf tua 1928, buaswn yn dyfalu ei fod wedi ei eni rywdro rhwng 1868 a 1870. Tybed a oes rhywun yn Llanrwst yn ei gofio?

'Roedd wedi gweld llawer mwy ar y byd na neb ohonom ni y pryd hwnnw. Yn ddyn ifanc, aeth at y soldiwrs a bu'n ymladd yn Rhyfel y Boer. Clywais ef yn sôn am y rhyfel hwnnw a ddangosodd gymaint o wynt gwag ac ymffrostio dwl oedd gan y Saeson ynghylch eu bri a'u medr milwrol; mae'n debyg na bu erioed gyfarwyddo ffolach ar fyddinoedd. Ond nid am hynny y soniai Wil, pan soniai am y pwnc o gwbl, ond am y gwres a'r clefydau. 'Peidiwch byth ag yfed dŵr oer pan fyddwch wedi chwysu ar ddiwrnod poeth' oedd un o'i gynghorion imi wrth weithio'n go wyllt yn y gwair – ffrwyth profiad ar y veldt meddai ef. Peth arall a wnai yn yr haf – addysg profiad yn y Transvaal unwaith eto – oedd hicio capan blaen ei esgidiau yn stribedi, nes eu bod yn edrych fel sandalau. Pwrpas hynny oedd gadael i awel oeri'r traed a'u cadw rhag poethi a sgaldio. Wil oedd yr unig un a welais yn gwneud y fath beth ac wrth gwrs, 'roedd yn difetha ei sgidiau cyn belled ag yr oedd dal dŵr a chadw'r traed rhag oerfel y gaeaf yn mynd.

Rhaid ei fod yn dipyn o lanc fel milwr canys cododd yn sarjiant ac yr oedd ymhlith y rhai cyntaf i fynd i mewn i

Ladysmith, meddai ef, pan godwyd y gwarchae ar y dref honno. Tybed beth fu ei hanes pan ddaeth adre'n ôl ar ddiwedd y rhyfel? Gyda'i glod milwrol, gallasai fod wedi ennill bywoliaeth gyson ac heblaw hyn, fel 'roedd pawb a fy mam yn eu plith yn tystio'n gyson, 'roedd yna ruddin boneddwr yn Wil, fe wyddai sut i fihafio.

Dim ond unwaith y cofiaf amdano yn pechu rhywfaint yng ngolwg yr ardal. Bob Ffair Gorwen Fawrth, trefnid eisteddfod yn y pentre gyda'r amcan o ddenu'r hogiau adre'n gynnar o'r ffair a'u cadw rhag mynd i hel diod. Nid bod nemor ddim galw am hynny, 'roedd y rhan fwyaf yn ddirwestwyr, ond mae'n debyg fod y sefydliad yn mynd yn ôl i oes pan oedd pethau, ar ddiwrnod ffair, yn wlypach. Prun bynnag, y tro hwn, â'r steddfod yn ei llawn hwyl a waliau'r capel lle cynhelid hi yn dechrau rhedeg o chwys, pwy gyrhaeddodd yno ond Wil. Ac 'roedd Wil wedi cael mwy na thropyn, allwn feddwl. Cerddodd ddau neu dri cham i lawr yr ali dde o'r drws gan afael ym mhennau'r seti o boptu iddo er mwyn cadw'n weddol stedi canys daethai awydd annerch y gynulleidfa arno. 'Roedd beirniadaeth ar ei chanol ar y pryd, ond torrodd Wil ar ei thraws a gofyn yn uchel a herfeiddiol 'Oes 'ma le i hen griadur tlawd mewn lle fel hyn?' Wrth gwrs, troes pawb eu pennau'n ôl i weld yr areithiwr, y merched yn lled ofnus a'r plant yn sibrwd yn gyffrous 'ŵ ŵ ŵ ŵ dyn wedi meddwi!'

Ond ni bu cynnwrf. 'Doedd gan Wil ddim gwir ddiddordeb mewn steddfod nac unrhyw genadwri ysol arall i'w chyflwyno a gydag ychydig gymell, aeth allan heb lefaru rhagor ac mae'n siŵr bod y gynulleidfa'n ddigon call i feio'r 'hen ddiod 'ne' ac nid Wil.

Llais braidd yn drwynol oedd ganddo ond yn wahanol i ambell dramp, nid oedd yn ymroi i hir straea a malu awyr. Lawer tro bu'n rhoi help i ni gartref gyda'r cynhaeaf, – hel gwair, rhwymo a chodi ysgubau yd – ond fel y byrhai'r dyddiau ac y dechreuai'r dail grynhoi'n dyrrau lliwgar yn y cwterydd a'r cilfachau, byddai Wil yn anesmwytho a diflannu o'n plith; mynd yn ôl i Ddyffryn Conwy a Llanrwst, 'tua'r lle bu dechre'r daith'; diflannu'n ddi-sôn 'yn slei a distaw bach' chwedl T. H. Parry-Williams, yn union fel y diflannodd y blynyddoedd a'r cynaeafau hynny pan oedd gyda ni. Ac un dechrau haf, ddaeth Wil ddim yn ôl . . .

'Rwyf wedi ymdroi braidd gyda hen sarjant Ladysmith. 'Roedd trampars eraill heblaw fo. Un o'r rhai rhyfeddaf oedd gŵr na chlywais erioed well enw arno na 'hen ddyn y sache', ond rhyfedd neu beidio, 'roedd yr enw yn un manwl-gywir. Yn ôl y cof sydd gennyf amdano, creadur bach eiddil, barfog, byr oedd o ac un anodd dyfalu ei oed; tua hanner cant a phump, efallai. Chlywais i neb erioed yn dweud o ble y deuai na phrun ai Sais ai Cymro ydoedd a hyd y gallaf gofio, dim ond rhyw unwaith y gwelais ef. Ei unig eiddo yn hyn o fyd ar wahân i'r dillad tra charpiog a wisgai oedd sachau. Sachau gweigion, pentwr mawr brown ohonynt oedd ei stad a lle bynnag yr âi, rhaid oedd mynd â'r cwbl gydag ef. Ymhell cyn i mi glywed sôn amdano, aethai'r bwndel yn rhy fawr iddo ei gario ar un daliad a phan symudai o le i le, 'roedd yn rhaid iddo symud ei sachau ar ddwywaith, mynd â hanner y bwndel ymlaen am rhyw gan-llath ac yna ei adael ar ochr y ffordd a mynd yn ôl i gyrchu'r hanner arall. 'Roedd ei holl deithiau, felly, yn rhai dwbl. Ac i ba ddiben, ni ŵyr neb. Wrth gwrs, 'roedd ei bentwr sachau yn fatres gwely hwylus iddo ym mha helm wair neu lofft stabal neu sgubor bynnag y penderfynai dreulio noson ond buasai llai na'u hanner yn hen ddigon i hynny. Beth oedd hanes y pentwr ar dywydd gwlyb, tybed, canys hawdd y gallasai gael cawod drom hyd yn oed yn yr haf ac yntau yn ei dyblu hi ymlaen ar ganol darn o ffordd ddigysgod. A beth a wnaeth iddo ymserchu mewn sachau? Y gred gyffredin oedd fod rhyw golliant diniwed arno, ond beth a barodd hynny ni wyddai neb. Chawn ni byth wybod mwyach na gwybod ymhle y bu rhaid iddo, o'r diwedd, adael ei bentwr sachau yn ei unfan.

Fedra' i ddim cloi hyn o druth heb sôn am un tramp arall. Un pur wahanol i Wil Hanam oedd Ned Wasgod Las canys yr oedd gwaith, hyd yn oed rhyw bigo ysgafn fel torri pricie at ddechrau tân, yn wenwyn pur iddo. Ac yn wahanol eto i Wil, 'roedd Ned yn balet o ddyn cydnerth, gwritgoch ac iach yr olwg a phan gâi rywun i wrando arno gallai lifeirio siarad.

Dywedid mai un o rywle yn Nyffryn Clwyd ydoedd a'i fod wedi ei fagu'n barchus a phorthiannus ddigon. Cymro, wrth gwrs, ac fel gŵr ifanc, mae'n debyg ei fod yn eitha' lartsh ac yn 'torri cyt' fel y dywedid. I'r cyfnod hwn yn ei hanes, mae'n siŵr, y perthyn y teitl a arhosodd gydag ef trwy ei oes, sef 'y wasgod las'. Welais i erioed mohono'n gwisgo'r dilledyn hwnnw, rhaid mai'r hyn a elwir yn 'fancy waistcoat' ydoedd a hynny yn ôl tua'r cyfnod rhwng 1895 a 1910 canys â barnu wrth ei olwg, mi ddyfalwn i fod Ned tua thrigain oed ym 1940, dyweder, a'i fod felly ym mlodau ei ddyddiau a'i lencyndod tua 1900 ac yn ei swagro hi mewn gwasgod las a thrimins i gydweddu â hi.

Anodd gwybod yn union pa un o'r saith bechod marwol fu prif achos ei gwymp a'i ddirywiad cymdeithasol (Bu hyn, wrth gwrs, cyn ein dyddiau ni pan yw hipïod wedi rhoi statws i fyw'n ddi-ymolchi a racsiog). Nid glythineb na thrythyllwch; ni chlywais erioed amdano'n bwyta nac yfed i ormodedd, ond y farn gyffredin oedd mai diogi yn ei asgwrn mawr fu'n ei boeni ac mai hynny a'i cadwodd rhag meithrin ei etifeddiaeth gartref. Ni chlywais i sicrwydd ychwaith beth oedd ei gyfenw ond 'rwy'n lled feddwl mai un o hil y Dafisiaid ydoedd.

Pa bryd y troes at gerdded y ffyrdd a begera, nid oes modd gwybod bellach. Rwy'n ei gofio'n galw heibio fy nghartre ac yn cael bowlied o siot gan fy mam ac, i mi yn blentyn, wyth neu naw oed, edrychai'n ddyn clên iawn. Fel y deëllais wedyn, dyna sut un oedd pan gâi rywfaint o groeso ond gallai fod yn wrthnysig a chas ddigon pe gwrthodid ef; nid oedd gwragedd y ffermydd yn hoff o'i weld. Byddai'n galw'n rheolaidd heibio fferm fy ewythr; 'roedd ganddo ef gryn ddiddordeb mewn pobl fel cymeriadau a byddai'n sgwrsio â rhai fel Ned er mwyn eu 'tynnu allan' chwedl yntau. 'Roedd hefyd yn gofalu'n bur hael am eu bwydo a chaent lety noswaith yng ngwellt y daflod. Fel y dywedais, 'roedd gan Ned faint a fynnech o ddawn siarad a dawn i wneud i ddeunydd sgwrs digon tenau gyrraedd ymhell, ond 'roedd ganddo gystal dawn hefyd i droi'r stori i ryw gyfeiriad arall pan ddoi galw. Ac fe ddoi'r galw hwnnw, yn ôl fy ewythr, pan ddechreuid ei holi braidd yn

fanwl am ei hen gydnabod ac am ei ddyddiau cynnar yn
Nyffryn Clwyd. Na, 'roedd y drws hwnnw wedi ei gau.
Tybed paham? Nid ei fod o bwys i neb bellach a Ned
yntau wedi diosg ei wasgod las yn derfynol ers llawer
blwyddyn. Mi gredaf, yn wir, fod drws caeedig fel yna yn
hanes pob un o'r rhai y soniais amdanynt. Nid diffyg gwaith
na phrinder cyfle a'u gwnaeth yn drampars ond rhywbeth yn
eu natur hwy eu hunain, rhywbeth na fedrent hwy byth ei
ddiffinio na bod â dim help wrtho. Weithiau, fe ddichon mai
er mwyn ffoi yr oeddynt yn trampio, nid ffoi o flaen rhyw
berygl neu erlyn o'r tu allan iddynt ond rhag rhyw an-
nigonedd anesmwyth o'r tu mewn. Weithiau hefyd, gall mai
ffoi tuag at ac nid oddi wrth rywbeth y maent, ffoi at rhyw
ryddid lledrithiol sydd, fel tân y gors – yr *ignis fatuus* – yn
dawnsio o'u blaenau ond allan o'u gafael fyth. Onid am
rhyw dro prin fel hwnnw y mae W. H. Davies, y Prif Dramp
ei hun yn sôn wrth orffwys un tro o dan ddwy res o goed
yng Nghwm Nedd, pryd:

> Is it not fine to lie
> With boughs to change my sky;
>
> Alone in this green way,
> And let my fancies play?

A wyddent hwy, – y Sgarwr Mawr, Wil Hanam, Hen Ddyn y
Sache, Ned Wasgod Las, am hyn? Diâr annwyl, na wyddent,
fyddai'r ateb yn un corawd byddarol mae'n siŵr. Ond ai ê?
Faint, mewn gwirionedd, a wyddom am ein gilydd? Chwedl
Charles Gaerfron Fawr gynt, 'pwy sy'n gweld yr angel?'

3

Nid beirdd yw'r unig Gocoswyr

Mae pob Cymro gwerth ei halen yn gwybod beth yw bardd cocos. Teitl yr anfarwol John Ifans o Borthaethwy ydoedd i gychwyn, mae'n debyg, ond yn y man daeth yn enw cyffredin ar ddosbarth o feirdd sy'n cynhyrchu darnau tebyg i rai John. Ceir beirdd tebyg yn Lloegr fel Martin Tupper a James Hurnard ac yn yr Alban y prif enw yw'r digymar William McGonagall.

Ond nid mewn cerdd dafod yn unig y gwelwn gocoswyr. Mae'r fath bobl i'w cael ag ysgolheigion cocos ac am ryw resymau cwbl annealladwy i mi 'rydym ni'r Cymry, a'r Gwyddyl a'r Llydawiaid i raddau llai, wedi bod yn wrthrych sylw cryn nifer o'r bobl hyn ac o dro i dro cyhoeddir llyfrau a llyfrynnau amdanom sydd, hyd y gellir barnu, yn gwbl wallgo, ond yn ddiddorol wallgo. Nid bob amser y mae'n hawdd cael gafael ar y gweithiau hyn canys cyhoeddiadau preifat yw llawer ohonynt, arwydd go sicr fod mwy nag un cyhoeddwr wedi gwrthod â'u cyffwrdd a'r awdur, o'r diwedd, yn talu o'i boced ei hun am argraffu ei waith a chyflwyno'i oleuni newydd syfrdanol i brynwyr difraw.

Yn ddiweddar, cefais fenthyg dau o'r gweithiau hyn gan

ffrind sydd yn gasglwr *curiosa* o'r fath. Gwaith yr un gŵr yw'r ddau ac ni chlywswn erioed sôn amdanynt o'r blaen nac am eu hawdur serch bod cofnod sylweddol amdano yn y Bywgraffiadur. Ei enw oedd John Lynn-Thomas, marchog, cyrnol a llaw-feddyg enwog yn ei ddydd. Bu fyw rhwng 1861 a 1939 ond 'does dim diben ail adrodd yma yr hyn a ddywedir amdano yn y *Bywgraffiadur* (o dan y llythyren *L*, cofier). Ar ôl ymddeol, daeth i fyw i dŷ helaeth o'r enw Llwyndyrus yn ardal Llechryd gerllaw'r afon Teifi. Yn y fan honno, ymroes ati i ddarganfod pob math o olion tybiedig bywyd y cynoesoedd bedair a phum mil o flynyddoedd yn ôl ac ym 1932 cyhoeddodd hanes y 'darganfyddiadau' hyn ynghyd â'i ddamcaniaethau ef amdanynt mewn llyfr o'r enw *'Key of All Wales' in South-West Cardiganshire*. Argraffwyd y llyfr gan gwmni'r Western Mail a rhaid ei fod wedi costio cryn dipyn i'r awdur canys y mae ynddo lu mawr o luniau a'r cyfan wedi eu hargraffu'n gampus ar bapur llyfn. Ymhen dwy flynedd wedyn, sef ym 1934, cyhoeddodd y marchog-feddyg ail gyfrol ar ffurf pamffled 30 tudalen sef *Sequel to 'Key of All Wales'*. Tipyn o brotest yn erbyn difrawder a rhagfarn archaeolegwyr yn gyffredinol a'r Comisiwn Hen-ebion yng Nghymru, y Cymmrodorion a chymdeithasau tebyg yw rhan o'r pamffled ond y mae hefyd yn sôn am rai 'darganfyddiadau' pellach, un ohonynt yw:

The Pygmy Race, widely scattered in Africa and the East, has descendants in Wales today . . . Pygmies are numerous on the estuary (sef afon Teifi) notwithstand-ing blood-mixture with giants . . . (t. 16).

I brofi'r gosodiad hwn, dangosir llun o Deiliwr Bach Dihewyd a'i wraig; yn ôl Syr John yr oedd y teiliwr yn perthyn i dras y 'pygmies' sydd wedi byw a bod yn y rhan yma o Gymru ers tua tair neu bedair mil o flynyddoedd, ond perthyn i hil y 'giants' oedd ei wraig.

Mae'r ddau lyfr, wrth gwrs, yn hollol loerig a'r broblem ddiddorol yw sut y gallai gŵr a gawsai addysg prifysgol am lawer blwyddyn a gyrfa dra disglair fel meddyg a gwein-yddwr meddygol wedi hynny, un a hyfforddwyd i feddwl yn drefnus a rhesymol, – sut y gallai gŵr felly gasglu a dadlennu'r fath bentwr o nonsens hollol fel petai'n ysgrythur gwbl safadwy? Ai rhyw ddirywiad meddyliol a ddigwyddodd ar ôl iddo ymryddhau o dresi galwedigaeth ydyw?

Ei ddamcaniaeth gyffredinol yw mai dyffryn ac aber yr afon Deifi yw crud gwareiddiad yng Nghymru a bod olion bywyd sefydlog – yn neilltuol o gwmpas Llwyndyrus – ar gael sydd yn bedair neu bum mil o flynyddoedd oed. Rhan o ymchwiliadau'r marchog oedd casglu cerrig sydd, medd ef, wedi eu cerfio â llaw, rhai ar lun pen hwrdd, camel a hipopotamus; eraill wedi eu marcio â rhyw ysgythriadau dieithr sydd, medd ef eto, yn fath o ysgrifen a arferid gan bobl y lle bedair mil o flynyddoedd yn ôl. Ceir lluniau manwl o'r holl bethau hyn ac fe ddengys un llun yr 'Amgueddfa yr Oes Gerrig' awyr-agored a wnaethai'r Syr mewn cornel o'i ardd.

Ymhlith y lluniau ceir dau o rai od i'w ryfeddu. Yn y cyntaf, gwelir y marchog a'i wraig (hyhi yn gwisgo barf ffug ac wedi cneifio ei gwallt yn gwta fel dyn) yn eistedd ar ddarn o graig, y ddau ohonynt yn gwisgo crwyn ac yn dal morthwylion a bwyelli cerrig yn eu dwylo. Y bwriad, mae'n debyg, yw dangos sut bobl a gwrddech yn ardal Llechryd yn yr Oes Gerrig ac yn ôl geiriau'r teitl ar y llun, ar Nadolig 1930 y bu'r sharâd yma. Yn yr ail lun, a dynnwyd ar ddydd Calan 1932, gwelwn y ddau unwaith eto yn yr un gwisgoedd a'r tro hwn, mae'r marchog fel petai'n trywanu ei wreigdda gyda gwaywffon hir. O dan y llun dyfynnir yr adnod: 'Am hynny, Abner a'i tarawodd ef â bôn y waywffon dan y bumed ais a'r wayffon a aeth allan o'r tu cefn iddo'. (II. Sam: 2: 23). Beth sydd a wnelo'r adnod â brwydr rhwng gŵr a gwraig o'r Oes Gerrig ar lan afon Teifi, y nef yn unig a'i gŵyr bellach.

Casglwn fod Syr John yn dipyn o boendod i archaeolegwyr a haneswyr ei ddydd, pobl fel Dr. Cyril Fox, W. J. Hemp, yr Athro J. E. Lloyd a'u tebyg. Ceisiai gael ganddynt gydnabod cywirdeb ei ymchwiliadau a'i ddehongliadau a phan oedd yr Archaeolegwyr Cambriaidd yn cynnal ei jolihoet flynyddol yn Llambed, gwahoddodd hwy i ddod i weld ei drysorau yn Llwyndyrus. Ni dderbyniwyd y gwahoddiad ond bu Cyril Fox a George Eyre Evans yno a cheir llun ohonynt gyda'r marchog yn archwilio tomen – gyntefig meddai'r marchog – a llwybr honedig gynoesol gerllaw'r tŷ. Rhaid mai tipyn o embaras i'r ddau oedd yr ymweliad; yn wir, golwg pobl felly sydd arnynt yn y llun.

Canys mae'n gwbl eglur oddi wrth y lluniau mai yn llygad y marchog ac nid yn y cerrig yr oedd y ffurfiau gwneuthuredig a briodolai ef iddynt. Gall pawb ohonom bigo carreg mewn cae neu glawdd a gweld ynddi lun neu ffurf rhyw greadur neu'i gilydd. Ceir digon o gerrig hefyd ag ôl naddiad arnynt, nid o waith llaw ond o dreiglad rhew rhyw Oes Ia neu, yn ddiweddarach, o flaen cwlltwr a swch. Yn ôl y marchog, yr oedd wedi darganfod blaenau gwaywffyn, eingion garreg, bwyelli rhyfel, last crydd, cerrig i risglo coed, cerrig hogi, a sawl math arall heb sôn am y rhai y gwelai gerfiadau o bennau anifeiliaid ynddynt a'r cwbl yn filoedd o flynyddoedd oed. Yn wir, yn ôl un llun, yr oedd yno ffatri gyn-hanesiol gerllaw'r tŷ lle gwneid yr holl offer yma*

Fel pob ysgolhaig-cocos, mae'r marchog yntau yn cyfeirio at lenyddiaethau a gwybodau nad yw, mewn gwirionedd, yn eu deall. Bron yn ddieithriad mae'r ysgolhaig-cocos yn siŵr, hwyr neu hwyrach, o blymio ar ei ben i ryw gymysgwch o chwedloniaeth ddwyreiniol, hanes chwedlonol Groeg neu Bersia neu'r Aifft a chysylltu hwnnw â'r 'Kelts' mewn dull cwbl annhebygol. Perthyn i'r un byd y mae gwaith y rheini sy'n ceisio 'profi' mai un o dylwythau coll yr hen Israel yw'r Prydeiniaid, neu'r Azteciaid, tylwythau Amazonaidd neu Indiaid Cochion y Paith ac ati. Felly Syr John, ond mai ei amcan ef yw profi hynafiaeth dyffryn Teifi ac yn neilltuol, y tir o gwmpas ei gartref, Llwyndyrus. Oherwydd ei safle gymdeithasol a phroffesiynol gallai ddenu sylw arbenigwyr na allai'r cyffredin fynd yn agos atynt ac yng nghwrs ei drafodaeth, cyfeiria at Syr Flinders Petrie fel un o'i gydnabod ac mewn man arall, fe ddywed: '. . . I received timely

*Ar ôl sgrifennu hyn, clywais mai gwaith ffermwyr cyfagos a oedd yn denantiaid iddo oedd yr 'offer' cerrig gan mwyaf ac mai hwy — ar orchymyn y Syr eu mistar tir — oedd yn 'darganfod' y cwbl wrth aredig, codi ffos, trwsio clawdd, etc: a hynny am beth tâl. Dyna'r stori.

encouragement from a man I met nearly thirty years ago in Egypt, now world-famous, Professor Elliot Smith, who, after a visit, wrote: – "the suggestions you have made for the revised interpretation of the Mabinogion seem to me to be quite convincing".' Yr oedd Elliot Smith wedi dweud wrtho hefyd mai un o chwaraeon yr hen Aifft oedd 'cnapan', – '. . . had their origins in contests to secure the mummy of Osiris' head'. Yng ngwaelod sir Aberteifi yn yr ugeinfed ganrif? Rhyfeddol!

* * * *

Gellir dweud un peth, o leiaf, am weithiau Syr John, sef eu bod yn ddealladwy ac yn ceisio cyrraedd yr amcan pen-odol o brofi hynafiaeth aruthrol gwaelod dyffryn Teifi a dycnwch parhad ei hiliogaeth o bobl. Ond mae ambell un o'r sgleigion-cocos hyn yn ymylu ar fod yn annealladwy. Un felly yw Kathleen Merrick O'Loughlin a oedd yn cyhoeddi (yn breifat wrth gwrs) pamffledi maith sydd yn delio, hyd y gellir dweud, â chwedl Madog yn bennaf. Ni wn i ddim amdani; ymddengys mai un o Wyddelesau gogledd Iwerddon sydd (neu oedd) yn byw yn St. Catherine, Ontario, Canada, ydyw. Dengys teitl ei llyfryn cyntaf (1942) natur ei hym-resymiad, sef *Wele Madoc, dewr ei fron – Quetzalcoatl Returns.* Cyhoeddodd ail bamffled, *Madog ap Owain Gwynedd* ym 1947 ac un arall eto yn delio â'r un pwnc ym 1948. Y ddau sydd gennyf i yw *Yarmouth Stone* (1949) a *Llyr Llediaith & Lyra* (1955). Yma ac acw yn y rhai hyn ceir cywiriadau ac ychwanegiadau yn llawysgrif y Kathleen ei hun ac ymddengys mai ysgrifen rhywun mewn oed ydyw. Os yw hi'n fyw yn awr (1985), rhaid ei bod yn hen iawn.

Cymysgwch annatrys yw'r deunydd ac mae'n gwbl amhosibl ei grynhoi'n synhwyrol hyd yn oed petai gennyf y gofod i hynny. Yma ac acw, ceir ambell baragraff golau ond dibwynt. Llwythir pob tudalen â chyfeiriadau 'dysgedig' fel petai'r awdur wedi bras ddarllen neu glywed am gannoedd lawer o bob math o chwedlau, llyfrau hanes a'r clasuron ac wedi cyboli'r cwbl yn un cawdel. Beth a wnewch chwi o beth fel hyn? –

At Ponty Pridd (sic) Common, South Wales, the upper portion of the Common is called 'Craig Evan Leision' meaning Kyrie Eleison . . . There is mention of a Greek liturgy early in Wales (Ll. Ll. t. 3).

Cwm Yhird (sic) (the dogs of the sky) are ever seen hunting freshly arrived souls over the summits of the Pliminion (sic) Mts., in Wales (Lyra. t. 7).

A Welsh author, Owen Morgan called Menavia (sic) in 'Old Minos'. Minos and Troy were ancient British names. Troy mazes are cut into the turf in all parts of the British Isles called by the shepherds 'Daerdroia' (sic) while in Wales herdsmen still cut labrinthine figures from the turf which they call the 'wall of Troy'. (Ll. Ll. t. 17).

The Welsh Ateaniad signifying those who sang to instruments played by another – notice the similarity of the ancient British word Ateaniad to the later 'Aenid' (sic) of Virgil. (Ll. Ll. t. 11).

Hyn, wrth gwrs, yw'r math o gybolfa 'Geltaidd' a grewyd gan Morien, Timothy Lewis ac, i raddau llai, y 'Celtig Ddafis, ab Ithel ac Iolo Morganwg. Perthyn i'r un byd, ymhellach yn ôl, y mae chwedl yr Indiaid Cymreig a Madog. Ychydig flynyddoedd yn ôl cyhoeddwyd llyfr corffol i 'brofi' fod chwedl Madog yn wir; tua'r un amser, gwelais lyfr arall yr un mor drwchus a geisiai brofi mai'r Archesgob John Williams o'r Plas Mawr, Conwy, oedd gwir awdur dramâu Shakespeare.

* * * *

Mae'n anodd dirnad y rhesymau am y gweithgarwch rhyfedd hwn. Yn sicr, nid rhyw un rheswm sy'n gyfrifol amdano. I ddechrau, fe welir yn aml fod yr ysgolhaig-cocos yn hawlio fod yna ryw gysylltiad personol, arbennig, rhyngddo ef (neu hi) a'i fater. Dyna Syr John yn canfod yr holl olion rhyfeddol sydd yn sylfaen i'w holl ddamcaniaethu o gwmpas ei dŷ ei hun ac nid yn unman arall hyd y gellir gweld. Yna'r brawd a sgrifennai ar Fadog (ai Deacon oedd ei enw?) – hwnnw wedyn yn hawlio mai yng ngwaelod ei ardd ef tua chyrrion Deganwy yr oedd yr union gei lle cychwynnodd Madog ohono ar ei fordaith ac fel Syr John, yn dangos llun o ryw ddrysi a darn o wal a allai fod yn ffrwyth damwain noeth a dim arall. Ac felly, un amcan i'r chwedl a adeiledir wedyn ar sail yr olion tybiedig hyn ydyw rhoi sbardun neu ymchwydd nerthol i ego neu hunan-dyb yr awdur; mae *yntau* wedyn yn mynd yn rhan o'r stori.

Yna, mae'r sglaig-cocos bron yn ddieithriad, yn ymddelweddu fel Dafydd digymorth yn herio Goleiath rhyw Sefydliad neu'i gilydd: Syr John yn herio'r Cambrian Archaeological Association a'i hysgolheigion uniongred; Timothy Lewis yn herio dehongliadau holl adrannau Cymraeg y Brifysgol o'r Mabinogi a'r hen ganu; y Madogwyr yn erbyn pob hanesydd cydnabyddedig, ac ati. Mae'n rhaid i'r dehongliad neu'r ddamcaniaeth newydd fod hefyd yn lluman brwydr yn erbyn yr holl ddysgedigion cyfforddus sydd yn ei gwrthod. Dyma Syr John yn rhuo: 'In 1930, when I offered to show the Cambrian Arch: Assn: some finds . . . they were treated as described in K.A.W. (sef ei lyfr cyntaf) and this attitude has since been maintained as if I were a harmless archaeological lunatic!'

Weithiau hefyd, ond nid yn ddieithriad, mae'r bobl hyn yn meddu gwir allu a gwybodaeth mewn meysydd eraill: fel llawfeddyg, yr oedd Syr John ymysg y goreuon; am gyfnod bu Timothy Lewis yntau yn ysgolhaig Cymraeg disglair ac yr oedd Iolo a Macpherson yn feirdd da yn eu hawl eu hunain. Ond rywdro neu'i gilydd mae rhywbeth yn digwydd iddynt; ymddeol, efallai, neu gael siom mewn swydd neu ddiflasu ar y llwybrau arferol gofalus ac o hynny ymlaen mae fel petai rhyw ysfa yn eu corddi i ddenu sylw pobl trwy eu syfrdanu gyda newydd-bethau neu 'ddarganfyddiadau'. Canys mae'r deunydd newydd bob amser yn llawer mwy cyffrous na'r hyn a geir mewn unrhyw werslyfr neu goleg; y mae'n esgor ar bob math o bosibiliadau cynhyrfus ac annisgwyl. Honnir ei fod yn drobwynt pwysig ac y bydd rhaid i haneswyr fynd ati i ail sgrifennu popeth o safbwynt hollol newydd a gwahanol.

Yn y pendraw, efallai mai awydd am ddweud mawredd er mwyn creu syndod edmygus yw gwraidd y cyfan. Nid yw ysgolheictod cocosaidd byth yn gymedrol, mae ei awdur fel petai bob amser am ddweud wrth ei ddarllenydd: 'dyna ti ryfeddod, ngwas i, 'rydw i'n siŵr na wyddet ti ddim byd am hyn'na o'r blaen'. 'Enryfeddodeu' fel yna yw holl ddeunydd yr Israeliaid Prydeinig, mytholeg y Mormoniaid, y Derwyddon Llundeinig, Indiaid Cymreig a holl dudalennau Kathleen O'Loughlin a Syr John Lynn – Thomas. Mae'r un nodweddion yn perthyn iddynt i gyd, yn union fel ag y mae'r ysfa anniwall am odlau waeth befo synnwyr yn perthyn i'r beirdd cocos. Mae genn' i go' plentyn am bendroni uwchben un o lyfrau'r frawdoliaeth hon: 'Ein Dydd Ni yng Ngoleuni Proffwydoliaeth' oedd ei deitl, a chaf sôn amdano yn y munud. Ond mae'r cwbl yn hwyl ac yn ddiarwybod ddoniol, a hyn, am a wn i, yw'r gwir gyfiawnhad dros ysgolheictod gocosaidd, boed yn truthio am yr hen Israel neu am gyntefigion Llechryd a dyffryn Teifi.

4

Stori o'r tridegau

Dim ond unwaith, hyd y cofiaf, y bu gennyf awydd ymen-
wogi fel bardd Saesneg. Tua dwy ar bymtheg oed oeddwn i
ar y pryd, ac fel hyn y bu.

Fy mhrif gymrawd llenyddol y pryd hwnnw, ac wedyn o
ran hynny, oedd Maurice James o'r Bala. 'Roeddym ill dau
gyda'n gilydd yn Chweched Dosbarth hen Ysgol Tytandomen
ac wedi cyrraedd oed pan deimlem fod gennym bellach yr
eirfa a'r profiadau a'r dychmygion a allai wneud enw inni
fel beirdd neu lenorion: druan â ni! Tua'r un adeg hefyd yr
oeddym wedi darganfod ffyrm yn Llundain o'r enw Sidney
Kiek a oedd yn gwerthu llyfrau newydd ac ail law yn rhad
iawn ac, o dro i dro, derbyniem ei chatalog. Mae hi wedi
diflannu ers oesoedd erbyn hyn. Llyfrau gofer y prif
gyhoeddwyr Seisnig oedd y rhai newydd, gweddillion stoc y
mynnid ei chlirio ac mae'n siŵr fod y Kiek ei hun yn eu
cael am y nesa' peth i ddim. 'Roeddym ni, hyd yn oed, pan
oedd gennym arian, yn cael ambell lyfr sylweddol iawn am
swllt neu swllt a chwech, ac heb dalu traul post!

Mae rhai o'r llyfrau hynny gennyf heddiw; hwy yw haen
gyntafol fy llyfrgell bersonol bellach a gallaf eu gweld ar fy

silffoedd y funud hon wedi eu harwisgo yn siacedi llwch eu cyfnod. Ond nid yw'r gyfrol a daniodd uchelgais barddonol Maurice a minnau yn eu plith erbyn hyn. 'Rwy'n cofio prynu honno. Swllt oedd ei phris gan y Kiek. Ei theitl oedd *The Mitre Anthology* a'i phris yn newydd oedd deg a chwech: yr oedd hynny ym 1932 yn hanner cyflog wythnos i lawer ac yn ddigon o arian poced i hogiau fel ni am hanner blwyddyn. Rhaid imi ddweud hyn er mwyn cael graddfa pethau yn glir. Ymddengys mai cyhoeddiad blynyddol oedd yr *Anthology* a chynhwysai tua dau gant a hanner i drichant o ddudalennau, rhwymiad cadarn mewn clawr caled o las tywyll a siaced lwch o las golau; ei siâp, yn dechnegol felly, oedd crown octavo.

Barddoniaeth oedd y cynnwys. Gwaetha' modd, nid wyf bellach yn cofio pwy oedd ei golygydd na pha gwmni a'i cyhoeddai. Yn ddigon rhyfedd, ni welais na chynt na chwedyn gopi arall o'r un gwaith mewn dim un o'r degau siopau llyfrau ail-law y bûm yn eu simio o'r adeg honno hyd heddiw. Rhaid fod yr Antholeg cyn brinned â Meitrau.

Prin neu beidio, mae'n rhaid dweud nad oedd ei phryd-yddiaeth yn arbennig o dda. Gallem weld hynny'n syth ac er nad oeddym ddim gwell na disgyblion ysbâs digon ysbasaidd mewn llenyddiaeth Saesneg gwyddem ein bod yn iawn y tro hwn beth bynnag. Gwaith rhyw weinidog o Sgotyn oedd cryn nifer o'r darnau a rhyfeddem braidd fod y detholydd mor hael wrtho: yn sicr, pwy bynnag oedd y dyn, 'doedd o ddim yn fardd a, hyd y gwelem, yr oedd yn byw mewn rhyw blwy anghysbell iawn yn un o'r glynnoedd Sgotaidd, nid bod ei awen ddim gwannach o hynny. Prun bynnag, 'roedd Maurice a minnau yn gwbl sicr y gallem sgrifennu darnau amgenach na hyn, hyd yn oed yn ystod ambell awr 'rydd' yn yr ysgol a chredem heb unrhyw amheuaeth, dim ond inni ymroi ati yn dymhoredd ac astudgar ambell fin nos tawel, y gallem gynnig caniadau i'r Meitr a fyddai'n codi safon yr holl gyhoeddiad yn sylweddol iawn.

Ac wrth gwrs, byddai'n henwau'n dod yn hysbys ac ambell feirniad neu adolygydd craffach na'i gilydd yn cynnig dadansoddiad o'n gwaith a dod i'r casgliad ei fod yn 'significant'. Pwy a wyddai? Hyd y gwyddem ni, 'roedd gan y Mitre gylchrediad eang yn y byd Saesneg a bod ei lwyth blynyddol o ffrwythau awenyddol yn rhywbeth i'w hir ddisgwyl a'i lawen gyfarch yn yr holl gylchoedd llenyddol a oedd yn cyfri yn Lloegr. Dyna sut y meddyliem.

Arwydd da o fywiogrwydd y golygydd oedd ei fod yn gwahodd cyfraniadau yn ddigon taer. Heb oedi, aethom ati i sgrifennu tri neu bedwar o ddarnau yr un, rhai mewn mydr ac odl a rhai mewn gwers rydd heb na mydr nac odl o gwbl, dim ond eu bod yn enbyd o dywyll ac anodd eu deall. Wili gwrs, ni ddisgwyliem i'r golygydd gyhoeddi'r cwbl ond credem mai teg oedd rhoi dewis iddo fel y gallai ein cyflwyno naill ai fel beirdd ychydig yn draddodiadol a cheidwadol eu chwaeth, – tebyg, dyweder, i A. E. Housman, – neu ynteu fel arloeswyr beiddgar o rengoedd yr *avant garde.*

Beth bynnag am hynny, dyma bostio grawnsypiau ein hawen i'r Golygydd gyda llythyr i ddweud fel y carem iddo ystyried y darnau gyda golwg ar eu cyhoeddi yn y gyfrol nesaf o'r *Anthology.* Ac os cyhoeddi, a fyddai ef mor garedig â gadael inni wybod ei delerau. Dylwn esbonio ein bod yn coleddu syniad fod pob awdur Saesneg yn derbyn digon o arian am ei waith i allu fforddio byw'n fras, a hyn oedd ein gobaith ninnau. Yn wir, credaf inni ddechrau meddwl na byddai'n rhaid inni ddisgwyl yn hir cyn y gwelid ein gweithiau yn dod yn ddeunydd gosod ar gyfer yr union arholiadau yr oeddym yn paratoi amdanynt ar y pryd! A dyna wych o beth wedyn, gwell na'r arian yn wir, – fyddai ymweld â'r hen ysgol a tharo i mewn i stafell y Pumed Dosbarth er mwyn gweld yno rai o'n cydnabod wrthi hi'n ymlafnio i ddysgu ein gweithiau a sgrifennu traethodau arnynt. 'Rwy'n cofio inni sôn fel y byddai hwn-a-hwn a oedd, ar y funud, ym mabandod yr Ail Ddosbarth, yn debyg o aeddfedu'n astudiwr llwyddiannus o ffrwythau ein hawen erbyn y cyrhaeddai'r Pumed Dosbarth, ac efallai, – O, rag- olwg llesmeiriol, – academi'r Chweched Dosbarth ei hun! Llyfr gosod i'r Heiar, dim llai: *Iron Voices & Other Poems* gan James a Lloyd. Wrth gwrs, fyddem ni ddim yn debyg o fod yn or-boblogaidd gan yr hogiau hynny a gai drafferth i gofio llinell o Eng: Lit: a mwy fyth o drafferth i sgrifennu amdano. Ond dyna ni, rhaid i anfarwolion llenyddiaeth ddysgu goddef gwawd a ffrewyll y werin ysgafala a di-weld. Dyna drefn pethau erioed.

Rhaid bod y dyddiau hynny, yn union ar ôl postio ein cynhyrchion i'r Meitr, yn rhai braf i'w ryfeddu; dyddiau o hel dychmygion am y copaon parnasaidd, o ragflasu cymeradwyaeth ystyriol ond cynnil y papur hwn a'r cylchgrawn acw ac o weld beirniaid eryraidd yn llygadu dyfnderoedd a delweddau grymus yn ein darnau nad oeddem erioed wedi meddwl amdanynt nac yn gwybod eu bod yno. Peth mawr yw grym beirniaid llenyddol, fe wyddem hyn hyd yn oed y pryd hwnnw.

Nid oeddym yn disgwyl ateb buan gan y Golygydd; byddai ganddo lawer o ddarnau i'w hystyried o bob cwrr o'r byd a llawer, wrth reswm, i'w bwrw i'r Fasged. A phan ddeuai at ein darnau ni, gwyddem y byddai'n rhaid iddo dorchi ei lewis o ddifri i fynd i'r afael â hwy a chymryd amser at y gwaith. Ond yn wir, daeth ateb yn gynt nag y disgwyliem.

'Rwy'n cofio Maurice a minnau yn agor yr amlen. 'Roedd gan y Golygydd bapur sgrifennu swyddogol reit drawiadol ond heb fod yn rhy afradus o grand, digon o addurn i greu arbenigrwydd heb golli urddas. Glas oedd lliw'r teitl ar dâl ei ddalen.

Wedi darllen y frawddeg gyntaf, bu agos inni golli arni gan sioc o lawenydd. 'Roedd y Golygydd yn derbyn ein gweithiau! Eu derbyn i gyd. Mwy, 'roedd yn diolch amdanynt! Ac fel petai hyn ddim yn ddigon, 'roedd yn datgan y gellid eu cyhoeddi'n llawn yn y Detholiad nesaf, sef yr un am 1933. Wele ni bellach â'n traed yn gadarn ar ffyn cyntaf yr ysgol a'n dyrchafai, yn y man, i awyr denau ac amheuthun byd Beirdd Mawr fel Wordsworth, Keats, Shelley a Coleridge. Ond rhaid oedd darllen gweddill y llythyr, canys yn dilyn y datganiad meddwol hwn yr oedd paragraff gweddol hir yn esbonio'r telerau . . .

Heb hel dail, dyma oedd y rheini. Cyhoeddid gwaith pob cyfrannwr ar yr amod fod hwnnw'n pwrcasu copi o'r gyfrol am bob tudalen a gymerid gan ei farddoniaeth. Barnai'r Golygydd ein bod ni wedi anfon digon o ddeunydd i lenwi chwe tudalen, ac felly, os mynnem gael ein 'cyhoeddi', a allem anfon mor fuan ag y gallem, y swm o dair gini (sef tair punt a phymtheg ceiniog yn ein harian gwantan ni heddiw) i'r Cyhoeddwyr.

Tair gini! Ym 1932!

Hyn, wrth gwrs, fu diwedd ein huchelgais am fod yn feirdd Saesneg; diwedd ein cyrch am anfarwoldeb barddonol. 'Roedd tair gini yn fwy na swm fy ysgoloriaeth yn Nhytandomen am flwyddyn gyfan; yn fwy na'r hyn a enillai ein tadau am wythnos o waith. Na, 'doedd dim amdani ond anfon llythyr at y Golygydd i ddweud na allem fforddio pris mor uchel am ein dogn o enwogrwydd. Nid wyf yn cofio inni ofyn iddo anfon ein cynhyrchion yn ôl: 'roedd medru fforddio stamp ceiniog a dimai ar y llythyr yn gymaint ag a allem ei wneud.

Rhaid nad anfonwyd ein caniadau yn ôl canys ni welais i, beth bynnag, gymaint ag un llinell ohonynt byth wedyn mewn unrhyw hen lyfr sgrifennu na ffeil. Nid wyf yn cofio na gair na throsiad na delwedd ohonynt, ddim hyd yn oed eu teitlau. Fe y dail a ysgubir i ddifancoll gan y gorllewinwynt y bu bardd o Sais gryn dipyn mwy na ni yn canu amdano, felly hefyd yr aeth ein grawnsypiau prydyddol ninnau i ffordd yr holl ddaear.

Tebyg ein bod wedi ymgysuro am y golled rywsut neu'i gilydd. Wedi'r cwbl, efallai nad oedd y Mitre Anthology ddim yn hysbys i neb ond yr awduron annelwig a dalai am gael gweld eu gwaith mewn print ynddo. Pwy a glywodd air o sôn am y Sgotyn a gafodd gymaint o dudalennau yn rhifyn 1932 ac un y bu mor dda i'r Golygydd gael gafael arno? Rhaid ei fod yn graig o arian os nad oedd yn dalp o awen.

Fel y dywedais, 'does genn' i ddim copi o'r Mitre hwnnw am 1932 erbyn hyn. 'Does genn'i ddim syniad i ble'r aeth. Tybed imi ei roi i rywun neu ei daflu i ffwrdd mewn diflastod? Tybed am ba hyd y parhaodd y fenter ac y llwyddodd ei olygydd i berswadio rhai diawen fel fi i brynu ei ddail, – 'leaves dead' chwedl Shelley?

Weithiau, wrth gofio, byddaf yn meddwl beth yn y byd oedd yn y darnau cyfeiliorn hyn. Ond ddaw dim llinell yn

ôl i'm cof; cystal hynny, mae'n siŵr: 'Heard melodies are
sweet' ebe Keats 'but those unheard are sweeter'. Digon
gwir: melysach i'r cyhoedd ac yn neilltuol felly i'r awdur ei
hun.

5

Magi Bach

'Roedd hi'n perthyn rywsut i fy mam ond 'dwn i ddim hyd eto sut; 'roedd hi'n bellach na chyfyrder a chlywais i mo fy mam erioed yn cyfeirio ati wrth enw yr un o'r naw gradd perthynas. Ardal Brynteg ger Wrecsam oedd ei chartref; John Owen oedd enw ei thad, pwyswr mewn gwaith glo ac yr oedd llun ohono ef a'i wraig gennym yn y tŷ gartre am flynyddoedd, gŵr barfog canol oed go bell a hithau ei wraig yn edrych, dybiwn i, yn hŷn na'i hoed oherwydd ei gwisg dywyll gwmpasog a'i gwallt wedi ei gribo'n fflat dros ei chorun rhag dangos unrhyw gyrlen neu don o segur wagedd benywaidd. Hyd y gwn, ni bu'r teulu yn byw yn unman arall ond Brynteg.

Am ddim a wn yn amgen, Magi oedd eu hunig blentyn a Brynteg fu ei bro hithau ar wahân i gyfnod byr tua diwedd ei hoes pryd y bu'n cartrefu gyda pherthynas iddi mewn ardal arall. Rhaid ei bod wedi claddu ei thad a'i mam cyn fy nghof i amdani, nid yn ei hen gartref yr oedd yn byw pan ddeuai atom am wythnos o wyliau i Benybryn. Erbyn hynny, yr oedd yn cadw tŷ i wraig arall, prifathrawes ysgol, neu adran o ysgol, i blant bach yn yr un ardal. Enw'r tŷ oedd 'Moss Lea' a bu'n enw cyfarwydd i ni gartref am lawer blwyddyn.

'Miss Williams' oedd enw'r brifathrawes, dyna ydoedd gradd ein hyfdra ni arni canys oherwydd ei swydd 'roedd rhyw awra o urddas o'i chwmpas a'i gosodai mewn dosbarth gwahanol i Magi a ninnau. M. E. Williams oedd ei henw llawn – Mary Elizabeth oedd yr M.E. decini – ac un o'r un ardal ym Maelor oedd hithau fel Magi. Cymraes, wrth gwrs, er mai Saesneg, mae'n siŵr, oedd ei hiaith feunyddiol yn yr ysgol yr adeg honno ym mlynyddoedd cynnar y dau ddegau. Ambell waith, deuai hithau i aros atom am ychydig ddyddiau yn ystod y gwyliau ond braidd yn annelwig yw fy nghof amdani. Wrth edrych yn ôl, 'rwy'n siŵr mai gwraig swil, neilltuedig ydoedd, canys hoffai gerdded y caeau ei hunan neu chwilio am ryw gornel dawel i ddarllen. Tŷ bychan heb lawer o breifadrwydd o'i gwmpas oedd Penybryn, tŷ fferm lle'r oedd digon o fynd a dod ynglyn â gwaith beunyddiol y lle. Cofiaf am Miss Williams un tro yn dringo i ben y fagwyr wair yn y sied ac yn swatio yno i ddarllen; rhaid ei bod yn eitha' caled canys gwyliau'r Nadolig oedd hi a'r awel, er ei bod yn sychin, yn frathog ddigon, yn enwedig ar ben sied!

Mynd i sôn am Magi oeddwn i pan ddechreuais sgrifennu hyn ond am fy mod wedi crybwyll ei meistres, falle y caf grwydro ar ôl un atgof arall cyn iddo lithro o dan fy nwylo. Prin bod rhaid dweud yr ystyrrid yr ymweliadau hyn gartref yn achlysuron o bwys; un arwydd o hynny i mi oedd gweld gorchuddio bwrdd y gegin gyda llian coch, patrymog, llaes yn ystod y prynhawn pan na ddefnyddid ef i fwyta. 'Roedd y llian coch fel petai'n creu tipyn o barlwr allan o'r gegin ac yn lled-wahodd yr ymwelydd i eistedd wrtho i ddarllen neu i sgrifennu. Otano, wrth gwrs, 'roedd yr oelcloth arferol fel rhyw ddarn o ryddiaith fflat am dwrw a mwstwr arferol tŷ fferm a hwnnw, gyda'i gorneli treuliedig, oedd wyneb y bwrdd i ni am weddill y flwyddyn ac eithrio'r Suliau.

Ond un canol haf, dyma lythyr gan Magi o Moss Lea i ddweud fod ei meistres a hithau a rhyw ffrind i'w meistres o'r enw Miss Parry ag awydd dod draw i Benybryn am y diwrnod; cyrraedd tua dechrau'r prynhawn a dal y trên saith o Gorwen yn ôl i Wrecsam yr un noson. Os byddai'n braf, wrth gwrs.

Wel, 'roedd hyn yn achlysur tra arbennig gan fod y Miss Parry yma yn hollol ddiarth inni ac os bu diwrnod erioed i dynnu'r llian bwrdd gorau allan a defnyddio'r set lestri te a gawsai mam yn anrheg priodas ac na fuasai allan o'r cwpwrdd gwydr fwy na rhyw ddwsin o weithiau mewn deuddeng mlynedd, dyma fo. 'Roedd hi'n ha' da fel 'roedd hi'n digwydd ac fe gafodd y tair ledi haul cynnes i gerdded y ddwy filltir o'r bws i'r fferm.

Beth fu'r sgwrs cyn te, chofia i ddim. 'Roedd fy nhad wrthi hi efo'r gwair ond nid oedd hyd yn oed hynny'n ddigon o reswm iddo gael pardwn a the yn y cae yn llewys ei grys a heb dei a choler, fel y carasai 'does dim amheuaeth. Rhaid fu iddo ddod i'r tŷ, golchi ei ddwylo'n lân yn y gegin gefn a gwisgo siaced ei siwt ail-orau. 'Roedd mam wedi tradarparu pethau; siwgr lwmp a'r efail arian mewn bowlen wydr, brechdanau tenau tenau yn blastar o fenyn, amryw fathau o gacennau, gerllyg allan o dun mewn cawg gwydr a hufen yn y crenjwg tshieni, dau fath o jam mewn dysglau bach gwydr, cyllyll bychain carnau cochion i drin y tafelli a'r teisennau yn arafaidd boleit rhwng ebychiadau gwerthfawrogol y tair Miss o dre fawr Wrecsam. Te, wrth gwrs, a jygiau dŵr poeth i adlenwi'r tebot neu i gymedroli nerth y trwyth yn ôl y gofyn yng nghwpanau'r gwesteion. A bowlen tshieni arall na welswn ei defnyddio cyn hyn; i honno yr âi gwaddod pob cwpan de a waceid ac a gymerid i'w hail lenwi. 'Roedd hi'n brynhawn digon braf i adael y drws ffrynt yn llydan agored a thrwyddo fe sleifiai chwa gynnes o aroglau gwair cras, heibio'r cwpwrdd gwydr, dros y bwrdd ac allan drwy'r ffenest – honno hefyd ar agor.

Fel yna; popeth yn mynd rhagddo yn esmwyth lednais ac un stori a phwnc yn gwau i'r llall fel manecwin yn ymnyddu'n gelfydd i ddangos plygiadau gwisg wâr newydd i gynulleidfa ddethol. Ond heb rybudd, dyma'r Annisgwyl yn torri i mewn. Fy nhaid.

Rhaid esbonio. Y dyddiau hynny, byddai fy nhaid, tad fy nhad, yn ymweld â'i feibion i gyd yn eu tro ac yn aros i roi help llaw iddynt yn y tymor trin a hau neu gyda'r cynhaeaf gwair ac yd. Nid oedd bellach yn ffermio ei hun ers tro ac yr oedd wedi dechrau mynd yn anghofus braidd ac ychydig yn gymysglyd ei feddwl ac yn hoff o ailadrodd hen hanesion am y dyddiau pan oedd yn hogyn ac yn llanc ifanc. 'Roedd llawer o'r hanesion hynny yn sôn am dlodi a gerwinder na wyddem ni ddim byd amdanynt, trwy lwc. Eto, 'roedd yr hen ŵr yn dal yn heini a chryf o ran ei gorff a'r prynhawn poeth hwnnw 'roedd wedi cerdded pedair neu bum milltir ar draws gwlad o gartre f'ewyrth Bob.

Gallaf ei weld yn awr yn dod i mewn i'r tŷ yn chwys ac yn llewys ei grys gwlanen a'i siaced ar ei ysgwydd. Nid oedd yn adnabod y tair ledi ac nid rhyw lawer o ddim sylw a gymerodd ohonynt. Ar y funud, 'doedd dim lle wrth y bwrdd te a dywedodd fy mam y câi damaid gynted ag y byddai'r gweddill ohonom wedi gorffen. Eisteddodd ar y soffa o dan y cloc ac er mwyn diddanu'r cwmni bwriodd ati'n ddigymell i ddweud peth o hanes dyddiau'r caledi. Stori Tycerrig. Pan oedd yn bymtheg oed, meddai, bu'n hogyn ar fferm rhyw wraig weddw yn Nhycerrig, Cwmtirmynach. 'Roedd honno'n gybydd na bu erioed ei bath; ar ddechrau'r gaeaf, byddai'n prynu barilaid o benwaig wedi eu halltu a dyna wedyn fyddai'r unig gig a gâi'r gwas i'w fwyta bob dydd o'r wythnos trwy'r gaea'. Un pennog coch bob dydd a thatws. Yn y rhan yma o'r stori, byddai taid yn codi i dipyn o afiaith y gwir gyfarwydd: 'Wyddoch chi', meddai, ' 'roedd y pennog mor dene fel mai'r cwbl oedd raid ichi 'neud oedd gafael yn ei ben a'i gynffon a'i dynnu ar draws 'ych dannedd, – fel'ma (gan actio'r cribo) – a mi fyddech wedi hel hynny o gig oedd arno fo ar un gegied!'

Cyn bod ebychiadau'r teirmus wedi cilio a chyn i mam na nhad feddwl am ryw drawsymadrodd sydyn i fwrw sgwrs yr hen fachgen i gyfeiriad mwynach a mwy dethol, dyma fo wedyn yn plymio ar ei ben i Stori 'Mwythig. 'Nawr, 'rwyf wedi adrodd y stori honno mewn man arall a 'does dim diben ei hail adrodd yma. Stori am weld crogi dyn yn gyhoeddus tu allan i gastell Amwythig yw hi a nhaid yn blentyn tair ar ddeg oed yn gweld y cyfan a chlywed y miloedd edrychwyr didrugaredd yn gweiddi 'hang the bugger' wrth i'r condemniedig gael ei arwain i'r rhaff. Stori arswydlon am farbariaeth y bobl 'gyffredin'. Yma eto, 'roedd y traethydd yn twymo ati wrth gyrraedd yr uchafbwynt – a chofier, 'roedd yn llefarwr dawnus pan fynnai, – 'Ie,' meddai, ''roedden nhw ymhob man, hyd yn oed ar 'u fforchog ar gribe'r tai ac yn gweiddi "hang the bugger".'

Druan o'r teirmus, a druan mwy na hynny o mam. 'Doedd Magi Bach ddim ymhell iawn o geulan llesmair ac mae'n siŵr fod y ddwy ledi arall yn teimlo fel mynd allan am dro. Chofiaf i ddim beth fu'r ymateb geiriol i'r chwedl galed, enbyd hon. Rhaid fod hyd yn oed fy nhad yn ddig er nad oedd o ddim yn ddyn sgwrsio neis er mwyn sgwrsio neis nac yn rhy hoff o fwyta mewn steil. Am fy nhaid, mae'n siŵr nad oedd o yn gweld dim byd anamserol yn ei straeon canys yr oedd ef bellach yn byw bron yn llwyr ym myd gerwin a chreulon blynyddoedd ei lencyndod. A phrun bynnag, pwy, iddo ef, oedd y gwragedd dieithr yma; 'aeth yn ddifater weithion' a chyn bod y tair wedi dal y bws i Gorwen ddiwedd y prynhawn hwnnw 'roedd yr hen ŵr wedi anghofio am eu bodolaeth.

Mae'n hollol bosib, wrth gwrs, fod y ddwy fus – Williams a Parry – wedi cael modd i fyw wrth glywed y fath straeon ac nad oedd dim byd sidêt ynddynt o gwbl. Mae plentyn deg oed yn rhy ifanc i farnu pethau, ond am Magi 'rwy'n hollol siŵr iddi hi gael cryn sioc. Oherwydd, mewn ffordd ddiniwed, anaeddfed, yr *oedd* Magi Bach yn sidêt a rhyw bethau bach digon cyffredin yn peri iddi synnu a rhyfeddu fel y bydd hogan fach chwech neu saith oed yn rhyfeddu at bethau bach cyffredin o'i chwmpas. Siaradai mewn llais braidd yn drwynol dafodiaith ei hardal ac 'roedd ganddi un ebwch doniol iawn i'n clustiau ni; pan glywai neu pan welai rywbeth anghyffredin, dywedai 'O ceffyl!' (Dim ond ymhen blynyddoedd lawer y dysgais fod yr ymadrodd 'dweud ceffyl' yn idiom am ddweud celwydd neu stori anhygoel). Soniai lawer gyda mam am waith tŷ ym Moss Lea ac am y 'c'nhau' cyson a'i hwynebai yno; gair a oedd eto'n swnio'n ddoniol i ni ac yn peri inni feddwl mai gormodedd o gnau a oedd, rywfodd neu'i gilydd, yn ei phoeni.

'Magi Bach' oedd hi gan bawb o'i theulu, sef perthnasau fy mam yn yr hen ardal. Y rheswm eglur am y llysenw hwn oedd mai un fechan iawn ydoedd, prin bum troedfedd o daldra. Treuliai ran o'i gwyliau gyda ni bob blwyddyn ond byth fawr mwy nag wythnos; am y gweddill byddai'n anturio ymhellach ac yn aml ddigon yng nghwmni ei meistres i fannau fel Ceinewydd, y Bermo, Bae Colwyn a Llandudno, a barnu oddi wrth y cardiau post a dderbyniem ganddi. Er mai Cymraeg oedd ei hiaith, yn Saesneg y sgrifennai at fy mam bob tro a byth mwy na rhyw ddwy neu dair brawddeg; mae'n debyg na chafodd erioed ddysgu sgrifennu ei mamiaith yn yr ysgol mwy na'r gweddill o'i chyfoedion ysgol yn ystod traean olaf y ganrif ddiwethaf. A sôn am hyn, 'roedd yn anodd dyfalu ei hoed, 'roedd hi'n un o'r bobl hynny sy'n edrych yn ganol oed trwy eu hoes, byth yn hogenaidd ifanc nac yn fusgrell hen, ond pan gofiaf hi gyntaf tua chanol y dau ddegau mae'n rhaid ei bod tua chwech neu saith a deugain.

Gwisgai'n dda bob amser, neu felly y barnwn i yn fy anwybodaeth hogynaidd. Ar fferm, dim ond ar ddydd Sul y gwisgid dillad 'gorau' ond yr oedd Magi Bach, o ddyfnderoedd trefol Maelor yn gwisgo dillad 'gorau' bob dydd o'r wythnos ac yr oedd hynny yn beth cwbl newydd i mi ac i rai hŷn na mi o ran hynny. Heblaw dillad, 'roedd hi hefyd yn gwisgo tlysau, modrwyau addurn ac am ei harddwrn, cadwyn fach aur a chlo clap arni, amryw binnau a broitshis heblaw rhyw flychau a photeli bach na wyddwn i ddim bryd hynny beth oeddynt. Er mwyn difyrru'r oriau pan oedd nhad a mam yn rhy brysur i ddal pen rheswm gyda hi, gofalai ddod â dwy neu dair nofel yn ei phortmanto – cynhyrchion cyfarwyddiaid fel Pearl Buck, Edith Nepean, William Le Queux a'u tebyg. Ar ôl eu darllen, gadawai hwy i ni ac yn y modd hwn chwanegwyd teitlau a rhwymiadau lliwgar at silffiaid fy nhad o lyfrau trymaidd ysgrythurol ac esboniadol. Efallai y byddai fy mam yn bwrw cip drwyddynt ond nid fy nhad na minnau canys y pryd hwnnw nid oedd gan yr un ohonom ddigon o grap ar Saesneg i'w deall heb sôn am eu mwynhau. Er hynny, mae'n siŵr taw Magi Bach a ddaeth â llenyddiaeth Saesneg i'n tŷ ni gyntaf. Cyn hynny, dim ond un nofel Saesneg a gofiaf yn y cwpwrdd gwydr, gwaith o'r enw *Dulcie's Love Story* nad oedd neb ohonom wedi ei ddarllen erioed.

Yn ystod y gwyliau yr oedd amryw ymweliadau i'w talu â pherthnasau eraill yn yr ardal. Dynes o'r dre oedd Magi bob modfedd ohoni ac yn araf a thra gofalus y cerddai lwybrau a ffyrdd y wlad; uwchlaw popeth rhaid oedd gofalu dod yn ôl cyn iddi nosi. Prun bynnag, oherwydd ei berred, cam cwta oedd ganddi ac yr oedd dringo'n ôl i Benybryn hyd lechweddau serth Tynyfron yn ymdrech dri chwarter awr dda. Wedi cyrraedd y man a fynnai, mae'n anodd dyfalu beth fyddai ei sgwrs yno. Llawer o sôn am ormes y 'c'nhau', hanes hwn a hon o'r fan a'r fan a holi hynt a helynt y teulu. Yna, te croeso hael gyda theisennau a jamiau a bricyll o dun a'r holl ddefod yn weddus a destlus ar y llian gwyn gorau. Troi'n ôl wedyn am Benybryn a chael adrodd saga'r ymweliad wrth mam. Ac wele flwyddyn arall eto wedi ei chyflawni.

Soniais am sidetrwydd. Rhaid mai tua dechrau Hydref y digwyddodd yr hyn a ddywedaf yn awr a rhaid hefyd mai 1922 oedd y flwyddyn canys dyna pryd y daeth John Edwards a'i deulu i fyw i Dytandderwen, y fferm agosaf atom ni gartref. Tymor yr injian ddyrnu oedd hi. Yn ystod diwedd un prynhawn, daethai'r peiriant i Dytandderwen er mwyn bod yn barod i ddechrau ar ei waith fore drannoeth ac yn ôl yr arfer bryd hynny, lletyai 'dyn yr injian' gyda'r teulu y noson honno.

Yr un noson, aeth fy mam a Magi i lawr i Dytandderwen ar ryw neges neu'i gilydd. Rhaid cofio nad oedd hyd yn oed fy mam ar y pryd yn gwbl gydnabyddus â'r cymdogion newydd ac yr oedd Magi, wrth gwrs, yn hollol ddieithr iddynt; hyn, wedyn, yn peri fod pawb yn gwylio'i ymddygiad ac yn gwneud eu gorau i arddel safonau sgwrsio poleit. Pawb ond Dei Ffatri, dyn yr injian; ni wyddai ac ni faliai ef pwy oedd yn 'bobol ddiarth' neu beidio ac yn ei lais uchel clochaidd bwriai ati i siarad yn gwbl rydd am hyn a'r llall a dweud ei feddwl yn ddirwystr am y peth yma a'r peth arall. Ar swper, aeth i sôn am rhyw frawd Methodistaidd o Gefnddwysarn, ei ardal ef, a fyddai'n arfer moddion yn y cwrdd

gweddi ar nos Sul. Dichon ei fod yn weddïwr digon gafaelgar
ond yn ôl Dei, ei fai mawr oedd bod yn gwmpasog a hir-
wyntog iawn o flaen yr Orseddfainc a hynny'n peri i'r gynull-
eidfa i gyd, ebe Dei, ddiflasu ar ei erfyniadau a phylu eu
heffeithiolrwydd. 'Wyst ti be John', meddai wrth ŵr y tŷ, 'mi
liciwn i weld rhywun yn rhoi pin yn 'i din o gael iddo fo
gau 'i geg!' 'Roedd Magi Bach wedi gwrando ar y stori
gyda'r difrifwch mwyaf, – wedi'r cwbl, onid oedd hi'n hanes
am bethau crefydd – ond wrth glywed yr uchafbwynt ac
awgrym pendant Dei sut i roi taw ar weddiwyr gor-faith,
rhoes ebwch sydyn, rhyw ŵ-ŵ o wich fach; sioc mae'n siŵr
o feddwl am ddull mor fforet a phoenus o brysuro gweddïwr
i'w amen. Pwy ŵyr? Ond fel y dywedodd John wrthyf lawer
tro wedyn fe aeth pawb – ond Dei – i deimlo embaras llym
am y peth ac i ofni y byddai Magi Bach yn meddwl byth
wedyn ei bod wedi disgyn i blith paganiaid difater a diystyr
o bethau crefydd. Ac eto, wedi'r cwbl, falle mai gweld
doniolwch a wnaeth yr hen ferch wedi'r cwbl ond ei bod hi'n
ormod o fictorwraig i feiddio chwerthin am ben y peth. Mi
garwn i wybod beth a ddywedodd wrth mam am y stori wrth
gerdded yn ôl i Benybryn y noson honno.

*   *   *   *

'Bydd imi anfarwoldeb tra boch byw' meddai Tomos
Morgan yr Eiyrnmongar wrth gyfarch ei hen gyfoedion o
orffwysfa mynwent Llanbeblig. Ond fe gafodd sicrach an-
farwoldeb na hynny am fod W. J. Gruffydd wedi sgrifennu
cân amdano. Trech celfyddyd nag angau. Ar draul swnio'n
ymhongar, fedraf innau ddim meddwl am well rheswm dros
hyn o lith am hen ferch fach ddi-sôn a dreuliodd oes mewn
ffordd ddigon tebyg i un Tomos Morgan ond mai 'c'nhau
c'nhau c'nhau trwy gydol hir y dydd' fu ei hanes hi. Mi
garwn iddi beidio â bod yn ango': cyn imi ddod i adnabod
neb tu allan i'm hen ardal na gwybod am unrhyw fywyd
gwahanol i'r hyn a welwn gartref, cyn diflannu o fyd a oedd
yn ddiddorol a diniwed, yn fydysawd ac yn llawn rhyfedd-
odau newydd a dirgelion – er nad fel yna y meddyliwn
amdano ar y pryd wrth reswm –, cyn dyfod dilyw dros

Eden, cyn yr holl bethau hyn, yr oedd Magi Bach. Fedra' i bellach byth wybod beth oedd maensbring ei bywyd; beth oedd y llawenydd a'r cymod sylfaenol oedd yn ei chynnal o flwyddyn i flwyddyn trwy holl undonedd y 'c'nhau'. Y cwbl a erys gyda mi amdani yw saith neu wyth o gardiau post i fy mam yn ei llawysgrif anaeddfed, dwy neu dair brawddeg Saesneg gwbl ystrydebol ar bob un: 'having nice weather here', 'hope you are all well', 'we are enjoying New Quay very much', 'thank you for the butter which arrived safely' . . . Ac wrth gwrs, cofio ei llais, ei hwyneb, ei cherddediad. 'Dwn i ddim pryd y gwelais hi am y tro olaf; 'roedd hynny, wrth gwrs, heb wybod mai tro olaf ydoedd. Nid yw o bwys bellach.

Wedi sgrifennu'r paragraff yna, mi betrusais yn hir, am rai dyddiau, wir – a dechrau amau a meddwl ai am fy narlun *i* o Magi Bach, – ac felly amdanaf fy hun – y bûm yn sôn ai ynteu amdani hi? Nid dyma'r tro cyntaf i hyn fy mhoeni; sut mae adnabod rhywun arall mewn gwirionedd ac nid adnabod rhyw ddelw neu ddrych ohonof fy hunan ynddo? Sut y gall neb adnabod – gwir adnabod – neb arall? Trwy eu cael? Trwy eu colli? 'Dwn i ddim, ac felly waeth imi heb â sôn a bodloni ar adael i awel cynhaeaf gwair chwarae drwy'r tŷ fel y gwnaeth ar brynhawn y te alaethus hwnnw (braidd) i Magi Bach a'r ddwy Fus arall o Frynteg.

6

Locet Maesmor

Yn nyddiau fy nhaid, 'roedd gŵr y 'plas' yn greadur i'w
ystyried. Gellid ei ofni a chynffonna iddo, dynwared ei ddull
o fyw mor bell ag y gellid fforddio hynny, neu gellid ei
anwybyddu. Yn aml, gosodid ef i eistedd ar Fainc Ynadon
lle gallai yn ddigon hwylus lywio dyfarniadau'r gyfraith er ei
les ei hunan cyn belled ag yr oedd potshio coedlan ac afon
yn y cwestiwn. Ambell waith, gallai fod yn ddisgynnydd dilys
ond seisnigedig o hen dylwyth uchelwrol Cymreig ond yn
amlach na pheidio, Sais masnachol, ariannog wedi chwilio a
chael ei 'little place in the country' fyddai. Erbyn dyddiau fy
nhad, 'roedd pwysigrwydd y gŵr wedi crebachu cryn lawer
er bod amryw ohono o gwmpas o hyd. Deddf Llywodraeth
Leol 1888 oedd y torpido mawr a danseiliodd ei ddylanwad;
trech cyngor sir na phlas fu hi wedyn. At hyn, daeth trethi
cosbol ar eiddo fel y Dreth Farw, treth a fu, yn wir, yn
angau i sawl hen blas ac etifeddiaeth rhwng y ddau ryfel
byd. Fel y gwelodd Auden hwy:

> The great houses remain but only half are inhabited,
> Dusty the gunrooms and the stable clocks stationary.
> Some have been turned into prep schools where the diet

is in the hands of an experienced matron,
Others into club-houses for the golf-bore . . .

Darlun o Loegr yw hynyna. Efallai nad oedd pethau lawn
mor ddirywiedig yng Nghymru lle'r oedd gwerin gwlad yn
dlotach a chyflogau'n is a chostau byw'n llai. Mewn ambell
fan, ac am un o'r rheini yr wyf yn amcanu sôn, bu ad-
newyddu, chwanegu at faint y plas a'r tai allan ac amlhau
gweithwyr yn y gerddi a'r parciau a'r coedydd.

Prin y galwai neb heddiw Maesmor yn blas; tŷ mawr tri
llawr o batrwm fictoraidd ydyw serch bod y sefydliad a'r
stâd ei hun yn ddigon hen i fod unwaith yn eiddo Owen
Brogyntyn ac mae'n bur debyg ei bod yn hŷn na hynny.
Cyfrifid Maesmor yn un o gartrefi barwniaid Edeirnion ond
yng nghwrs canrifoedd, lleihaodd ei faint a'i ddylanwad ac
erbyn heddiw ychydig dan bum can erw yw'r lle i gyd. Hyd
ddechrau'r ganrif hon, Carr neu Ker oedd enw'r teulu yno;
'rwy'n cofio hynafgwyr yr ardal yn sôn am yr 'hen Giâr'
pan oeddwn i'n hogyn ac yn dal fod hwnnw, er seisniced yr
enw, yn perthyn i hen deulu oesol y lle, sef teulu Owen
Brogyntyn mae'n debyg. Ar ôl 'yr hen Giar' bu'r lle yn wag
am beth amser ond rywdro tua diwedd y Rhyfel Mawr,
daeth tenant yno o'r enw Mejar Trefor. Pwy oedd hwnnw ac
o ble y daeth, 'does gen' i ddim syniad. Cofiaf ei weld un-
waith wrth fynd yn y drol gyda fy nhad i'r felin; gŵr trym-
aidd yr olwg gyda llwyn bambŵ o fwstas a gwn dwbl baril
o dan ei gesail; ffureta cwningod oedd ar y pryd. Ond ni
bu yn y plas am fwy nag ychydig flynyddoedd, erbyn 1922
yr oedd wedi diflannu a holl oruchwyliaeth pethau ym
Maesmor ar fin newid.

Y flwyddyn honno, prynwyd y stâd gan ddyn o gylch
Lerpwl, Sais o'r enw John Lockett ac o hynny ymlaen tan
ei farw tua 1956, ef a'i wraig oedd yn byw yn y lle ac yn
rhodio'r mannau lle bu Owen Brogyntyn unwaith yn hela a
charowsio a lle bu Gwenhwyfar Hael o Gynllaith yn croes-
awu perthynas a chydnabod yn y Gymraeg a siaredid gan
Guto'r Glyn a'r cywyddwyr eraill a fu'n canu ei chlodydd.
Nid bod nemor neb yn y cylch yn gwybod un dim am hyn o
dras y lle, buasai'n Seisnig yn rhy hir i fod yn rhan fyw o
ddiwylliant Cymraeg yr ardal ac am hynny, ni allai neb

deimlo'n gryf yn ei gylch un ffordd na'r llall. Fel y dywed Saunders Lewis yn rhywle, ni bu gan Gymru wir uchelwyr i'w harwain a'i bugeilio ers canrif y Tuduriaid a'r Ddeddf Uno.

Nid uchelwr oedd Locet hyd yn oed ymhlith ei bobl ei hun y tu arall i glawdd Offa. Mae'r enw yn un gweddol gyffredin yn siroedd Caer a Chaerhirfryn fel y dengys cyfarwyddiadur y ffôn. Dyn busnes ydoedd wedi gwneud ei arian – llawer iawn o arian – yn y fasnach winoedd yn ôl yr hyn a ddywedid pan ddaeth i'r ardal i ddechrau. Prun bynnag am hynny, nid hir y buom cyn gweld fod ei waddol o arian yn ddigon helaeth i gyrraedd y marc hwnnw a elwir yn 'graig' canys yn syth ar ôl prynu'r lle, dyma ddechrau adeiladu tai i'r prif weinyddion yn y plas ac o'i gwmpas; tŷ giât neu lodj i'r pen garddwr, Sais o'r enw Finch; tai i sioffar, bwtler, cipar, beiliff – y cyfan yn newydd sbon. Yna, chwanegu dau barlwr haul ymhob pen i'r plas ei hun lle gallai'r musus Locet eistedd i fwynhau hynny o wres haul ag a gawn yng Nghymru. Codi tai-allan wedyn, tai gwydr i bob math o flodau a ffrwythau dieithr, a gwahanol siediau a chutiau i'r fferm a oedd yn rhan o dir y plas ei hun, fferm y tŷ, neu'r 'home farm' fel y gelwid hi, ac wrth gwrs, prynu stoc i'r fferm. Yna, dreif a lawntiau newydd, gerddi blodau a gwrych celyn rhwng y lawnt flaen a'r parc. Tu ôl i'r plas, rhwng ffordd Caergybi a'r afon Ceirw yr oedd hen ardd furiog a adewsid yn gadlas i chwyn a thyfiantach gwyllt ers blynyddoedd ond yn awr wele weddnewidiad. At y pen garddwr, cyflogwyd dau arall ac ymhen dau dymor 'roedd pob llathen wedi ei hail drefnu a'i thrin.

Oedd, 'roedd yn rhaid fod Locet yn graig o arian. Yn y man, cyflogai ddau gipar serch nad oedd y stâd i gyd, fel y dywedais, yn bum can erw. Heblaw hyn, 'roedd nifer o weithwyr 'cyffredinol' o gwmpas y lle, rhai oedd ar gael at jobiau achlysurol ar y fferm neu ffensio neu chwynnu'r goedwig a phlannu coed yn lle'r rhai a gwympid o dro i dro. Yn y plas, 'roedd morynion a chogydd a meistres tŷ, ond 'dwn i ddim faint. Rhwng pawb, rhaid fod yno tua dwsin i bymtheg o wasanaethyddion, nifer digon hael yn wir i beri nad oedd neb yno yn lladd ei hunan â gwaith. Chwarae teg hefyd, 'roedd llawer o'r gweithwyr yn bobl y cylch, Cymry glân. Dim ond cipar a bwtler, pen garddwr a sioffar oedd yn Saeson am mai gwaith i bobl anghyfiaith felly, y pryd hwnnw, oedd bwtlera, trefnu gardd a magu giâm. A dyna fu'r drefn ym Maesmor am ddeng mlynedd ar hugain.

* * * *

Rhyw deirgwaith neu bedair y gwelais i John Locet erioed ac ni bûm yn torri gair ag ef y troeon hynny. Yn wir, pe digwyddai iddo atgyfodi a cherdded unwaith eto yn ein mysg, mae'n bur amheus gennyf a fuaswn yn ei adnabod. Llai fyth ei wraig. A dyna paham; nid dyn a fu erioed 'yn ein mysg' ydoedd; hyn, 'rwy'n meddwl, sy'n peri fod gennyf hyd heddiw rhyw chwilfrydedd yn ei gylch, ysfa am wybod nid yn gymaint o ble y daeth a phaham ond i beth yr oedd y dyn yn byw, beth oedd yn cynnal ei ysbryd, fel petai, beth oedd ei ddiwylliant a beth oedd yn ei feddwl. Mewn gair, beth mewn gwirionedd, oedd y dyn.

O ran ei olwg, dyn meinaidd, gweddol dal; wyneb cul, llwyd, niwtral fel sy' gan gymaint o Saeson ei ddosbarth; mwstas wedi ei glipio'n fyr; dim gwên i oleuo llwydni ei wyneb a difynegrwydd ei lygaid ac am hynny, ymddangosai'n felancolaidd a lletrist fel un heb lawer o ddim i fyw er ei fwyn.

'Roedd ei wraig ac yntau'n ddi-blant. Nid ar gyfer unrhyw etifedd, felly, y bu'n gwario cymaint ar y lle ac yn ei gynnal mewn modd mor ddrudfawr ar hyd y blynyddoedd. Ac er bod ei enw, fel y soniais, yn un gweddol gyffredin, eto, digon di-berthnasau oedd y ddau yn ôl pob sôn. Pan fu farw ei wraig ymhen ysbaid ar ei ôl, nid oedd unrhyw etifedd a fynnai gadw'r stâd ac o'r herwydd, fe'i gwerthwyd am y swm anhygoel rad o lai na deng mil ar hugain – y plas, y tai, chwech o ffermydd, parc a choedwig, y cyfan am bris tŷ newydd dwy lofft heddiw (1985). Hyd y gwn, nid oedd ganddynt ychwaith unrhyw ddogfennau neu gasgliad o lyfrau prin neu luniau gwerthfawr i'w gwaddoli i neb; ni chlywais fod Locet yn gasglwr dim byd felly. Yn wir, o ran dim a glywais i'r gwrthwyneb, nid oedd ganddo rithyn o ddiddordeb mewn un dim sy'n perthyn i borthiant oesol ysbryd dyn, – miwsig, llun, barddoniaeth, drama a'r celfyddydau – nac ychwaith mewn gwleidyddiaeth ymarferol y wlad na'i ardal. Ni bu hyd yn oed yn Ynad Heddwch yn y cylch.

Ac felly, er mwyn beth y bu fyw? I bob golwg, ei brif ddiddordeb oedd magu ffesantod a'u saethu rhwng dechrau Hydref a diwedd Ionawr. Gwariai yn helaeth iawn ar y gweithgarwch hwn ac yn ystod y tymor cynhelid tair neu bedair helfa pryd y lleddid cannoedd lawer o'r adar anwes hyn. Ar yr adegau hynny, byddai'n gwahodd dwsin neu bymtheg o rai tebyg iddo ef ei hunan a chaent chwarae bod yn sgwierod a mwynhau diwrnod o awyr y wlad yn gymysg â mwg powdwr neitro; dechrau arni tua naw a gorffen o gwmpas tri y prynhawn. Rhaid bod y sasiynau saethu hyn yn ddyddiau coch yn ei galendr, ond beth am holl ddyddiau gweddill y flwyddyn, beth a'i cynhaliai drwy'r rheini?

Nid dim byd lleol; nid aelodaeth o unrhyw Gyngor na Phwyllgor Gwaith na llys unrhyw sefydliad yng Nghymru. Y Seiri Rhydd efallai, ond chlywais i ddim sôn am hynny. Yn dra anaml, mynychai'r gwasanaeth Saesneg yn eglwys y Santes Catrin, eglwys a godasid gan Elis Wyn o Wyrfai ar ddiwedd y ganrif ddwaetha' yn bennaf ar gyfer teulu Maesmor, ond prin ei fod yno'n ddigon aml i neb ei alw'n 'ŵr wrth grefydd'. Cymraeg, wrth gwrs, oedd iaith pob cymdeithas yn ei ardal ond gan na wnaeth Locet yr ymdrech leia' i fod yn ddim byd arall ond Sais uniaith, prin y gellid disgwyl iddo nawddogi na mynychu cyfarfodydd y cymdeithasau hynny. Ond pes mynnai, gallasai holi amdanynt a gwahodd eu haelodau – ei gydardalwyr wedi'r cwbl – am ambell noson goffi i'r plas. Mewn gair, gallai deimlo chwilfrydedd entomolegydd wrth ganfod brîd newydd o löyn byw. Gallai holi am y Cymry a darllen amdanynt. Ni wnaeth ddim un o'r pethau hyn.

Paham? Paham fod dyn fel hyn ac, o ran hynny, sawl un arall tebyg iddo, yn dewis byw heb deimlo y carai adnabod ei gyd-ddynion ac ymddigrifo yn eu cwmni? Yr atebion arferol a hawdd yw 'gormod o snob', 'rhy uchel', 'gormod o feddwl ohono'i hun' a phethau tebyg. Ond ai ie? Ychydig iawn fel y dywedais a welais i ar y dyn ond wrth gofio amdano yn llwydaidd-feinaidd, ddiwedwst ddi-chwerthin, amau yr wyf mai dyn tra swil ac ansicr iawn ohono'i hunan ymhlith dieithriaid ydoedd; dyn na fynnai dorri drwodd at neb am y byddai hynny'n rhwym o ddadlennu peth ohono'i hunan. Am hynny, yr unig ffordd i fyw wedyn oedd cadw draw, gwrthod adnabod neb a gwrthod i neb ei adnabod yntau. A phaham hynny? Paham y byw negyddol hwn, – byw, yn wir, er mwyn marw yn yr ysbryd? Tybed ai hyn sy'n esbonio paham y rhoddai gymaint o bwys ar fagu ffesantod – i'w lladd? A fu'r dyn rywdro yn llawen a heini ei ysbryd?

Fel yr âi'n hŷn, aeth i ddibynnu mwy a mwy ar lawenydd y botel; ffynnon y bywyd, *aqua vitae* – iddo ef. O dro i dro clywem amdano'n cael ei anfon i'w 'sychu' yng Nghastell Rhuthun, a oedd yn ysbyty i gyfoethogion ar y pryd. Ond nid oedd hynny'n rhoi iddo wellhad parhaus; heddiw byddem yn ei gyfri'n alcoholig. Ychydig a glywid amdano yn ystod y pyliau hyn ond dywedid fod ei wraig yn cloi'r seler ar adegau er mwyn ceisio ei atal rhag yfed. Wedyn, byddai yntau'n cynllwynio i gael diod trwy anfon un o'i giperiaid i'w brynu iddo a dod â chyflenwad i gwt ynghanol y coed ymhell o olwg pawb. Ganol bore, yn ôl a glywais gan rai o'i weithwyr, âi Locet yno mewn uchel hwyl i yfed ond gwae pawb a'i cwrddai ar ei ffordd yn ôl. Mis neu ddau o hyn ac yna ymweliad arall â chastell Rhuthun.

Rhoes fywoliaeth sicr i amryw o bobl yr ardal, bywoliaeth braf ddigon i bawb a edrychai ar ei hôl. Gallai fod yn ddifaddeu ar brydiau; pan fu raid i un o'i giperiaid briodi cogyddes y plas yn bur sydyn, cafodd rybudd cwta i godi ei bac a mynd. Ond ar wahân i hyn, bu'n deg wrth bawb a oedd yn deg gydag ef a gofalodd roi pensiwn i bob un o'i weithwyr wrth ymddeol. Bu farw â gair da iddo fel cyflogwr a meistr. Nid llawer sy' bellach yn ei gofio a chystal i minnau addef ei fod erbyn hyn yn fwy o ryw gysgod yn fy nghof nag o sylwedd.

Unwaith, dywedid fod ysbryd yn ymweld â phlas Maesmor. Ond wedi i Locet ddod yno a newid cymaint ar yr hen le, fe edwinodd y stori am yr ysbryd a rhyw fath o deneuo allan o fodolaeth fel petai'r ysbryd yn ildio'i le i un arall. A rhyw weld ysbryd yr wyf heddiw bob tro yr af am dro heibio'r coed a'r parc a meddwl am Locet: nid ysbryd brawychus o gwbl ond un trist, llwydaidd, di-afael rywsut, nad wyf ddim nes i'w adnabod yn awr nag oeddwn hanner canrif yn ôl. Hyn oedd ei fuddugoliaeth mewn bywyd. Enw yn y gwynt.

7

'E.T.'

Hen fachgen o dre'r Bala ei hun oedd ein hathro Lladin yn
Nhytandomen. E. T. Jones oedd ei enw yn ôl hysbyseb
wythnosol yr hen ysgol yn *Y Seren,* papur bro Penllyn ar y
pryd, ond ni chefais erioed wybod dros ba enwau y safai'r
E a'r T: Evan neu Edward, efallai, a Tomos, mae'n debyg,
oedd y T: go brin y byddai'n ddim byd arall yn ei genhedl-
aeth ef canys nid oedd enwau ffansi fel Talfan, Teri, Tryfan
a'u tebyg wedi eu dyfeisio yr adeg honno. I ni hogiau, "I.T."
ydoedd a chlywais i ddim fod ganddo unrhyw lysenw mwy
lliwgar.

'Roedd yn un o etifeddion dysg Rhydychen, – wel, rhyw-
faint o honno beth bynnag. Yn yr hysbyseb y cyfeiriais ati
nid oedd gradd ar ôl ei enw ond y geiriau talfyredig 'Mods:
Oxon', 'Nawr, hyd yr wyf yn deall, rhyw hanner neu dri
chwarter gradd yw hyn yn ôl confensiynau Rhydychen;
rhywbeth tebyg i'r hyn oedd y Final. I. B.A., ym Mhrifysgol
Cymru yn fy nyddiau i. 'Dwn i ddim faint o amser a dreulid
i ennill y 'Mods' yma tua 1890 pan oedd E.T. yn llanc; tua
dwy flynedd, debygwn. Os felly, 'roedd Edward/Ifan Tomos
wedi cefnu ar neuaddau dysg Rhydychen cyn gorffen ei radd

yno. A'r cwestiwn y carwn wybod yr ateb iddo yw pam y bu hynny?

Un stori – a rhaid pwysleisio nad yw'n ddim byd mwy na hynny – oedd mai am yr offeiriadaeth yn Eglwys Loegr yr anelai. Ond yr oedd yn llanc heini, cryf, a oedd hefyd yn gwmnïwr hwyliog yn y tai potes, chwedl Ifas y Tryc. O ganlyniad, rhoes ar y mwyaf o'i amser a'i egni i bynciau anacademaidd fel criced, peldroed ac ati ac wedyn ymlacio trwy ddiddanwch pot a phibell fin nos a gadael 'ei Horas a'i Gatwlws ar y llawr'. Ysywaeth, nid un o feibion porthiannus Lloegr ydoedd a'r diwedd fu gorfod gadael y pyrth heb ddim byd uwch na'r 'mods' yn ei boced. Ond stori, cofier, yw hyn. Rheswm mwy credadwy, ddywedwn i, oedd diffyg moddion ac arian i ddal ati.

'Roedd y 'Mods' hwnnw yn ernes, er hynny, o wybodaeth go sownd o'r Clasuron Lladin, – a Groeg, mae'n debyg, er na bu'n dysgu'r iaith honno yn Nhytandomen hyd y cofiaf. Beth fu ei hanes ar ôl gadael Rhydychen, 'does gen' mo'r inclin lleiaf. A fu'n giwrad neu offeiriad yn rhywle neu a gefnodd ar hynny hefyd wrth adael Rhydychen? Mae'n bosib. Yn niffyg cymryd urddau, fe allai fod wedi cael gwaith athro mewn ysgol breifat yn rhywle. Dau beth sydd yn sicr: rywdro neu'i gilydd fe briododd wraig o Saesnes, dynes gorffol a solet-anghymreig ei golwg yn ôl fy atgof i ohoni; a'r ail beth, fe droes E.T. ei hunan yn Sais rhonc. Ni chlywodd neb ohonom ni, ei ddisgyblion, air o Gymraeg o'i enau yn ystod yr holl amser y buom gydag ef ac onibai ein bod yn gwybod mai un o'r Bala ydoedd a bod ei frawd, y cofrestrydd J. P. Jones, yn Gymro, buasem i gyd yn credu mai Sais o ganol Lloegr ac o un o siroedd glasaf y lle hwnnw, oedd E.T. Hyd y cofiaf, siaradai Saesneg heb nemor ddim acen Gymraeg.

Faint o fywyd cymdeithasol oedd ganddo ef a'i wraig yn y Bala, 'dwn i ddim. Eglwyswyr oedd y ddau, wrth gwrs, ac mae'n debyg mai i'r gwasanaethau Saesneg yn unig yr aent. 'Roedd ganddynt dŷ helaeth, tri llawr, ym mhen uchaf y dre, tŷ o safon fwy drudfawr greda' i, na'r hyn y gallai E.T. ei fforddio ar gyfri ei gyflog fel athro yn unig a'n cred ni, hogiau, oedd fod ei wraig yn ariannog. 'Doedd dim plant ganddynt; tybed ai yn go ddiweddar ar eu hoes y priodasant? Fy argraff i yw eu bod yn byw'n breifat iawn, heb gymysgu'n gyson â llawer o neb yn y dre; byw bywyd nodweddiadol y Sais yn ei gastell. Hyn fuasai'n naturiol i'w wraig ac mae'n bur debyg fod E.T. yntau, oherwydd ei seisnictod, wedi ymdyrchu i'r un amddiffynfa. Efallai'n wir *bod* ei wraig yn ariannog ac mai hi oedd yn llywio pethau.

'Dwn i ddim pryd y daeth yn athro i Dytandomen. Yr oedd yno yn lled fuan ar ôl diwedd y Rhyfel Mawr, mae llun ohono yng nghyfrol J. E. Jones 'Tros Gymru' (t. 16) ac efallai ei fod yno cyn hynny. Trwy fy nghyfnod i yn yr hen ysgol ef oedd yr athro Lladin, a dim ond Lladin, ac fe ymddeolodd ym 1935, sef ymhen blwyddyn ar ôl i mi adael. Os oedd yn bump a thrigain y pryd hynny, mae'n rhaid iddo gael ei eni ym 1870 neu ddiwedd 1869. Ysywaeth, ni bu fyw'n hir wedi gadael. Fe'i gwelais unwaith wedyn. Erbyn 1935 'roeddwn yn fyfyriwr ym Mangor ac yn ystod gwyliau'r Nadolig y flwyddyn honno euthum i weld fy ffrind Maurice James yn y Bala. Digwyddai fod Maurice â llyfrau i'w dychwelyd i Lyfrgell Rydd y dre ac euthum draw yno gydag ef. Pwy oedd wrth y ddesg yn gofalu am bethau ond E.T. Cyferchais ef yn Gymraeg, atebodd fi yn Saesneg; minnau wedyn yn sôn tipyn am Fangor, pa gyrsiau a wnawn, ac ati; yntau'n ateb yn Saesneg. Nid oedd gennyf ddigon o wyneb i ofyn iddo pam na siaradai Gymraeg; 'roedd yn deall popeth a ddywedwn ond ni fynnai dorri gair â ni yn ein hiaith ein hunain, a'i iaith gyntaf yntau.

Rhyfedd. Heddiw, – a dyma un mesur o'r newid mawr sydd wedi digwydd er 1935 – mae ymddygiad fel yna yn annealladwy ac yn ddirmygus anghredadwy. Trwy Saesneg y dysgid yr iaith Ladin inni serch y buasai dysgu'r iaith honno trwy gyfrwng y Gymraeg yn haws o beth difesur, fel y gall pawb weld wrth droi dalennau *Llyfr Dysgu Lladin* yr Athro E. J. Jones. Ond 'roedd Toriaeth Rhydychen a Lloegr wedi diberfeddu E.T. o'i gymreictod yn rhy lwyr iddo fedru troi'n ôl at ei bobl ei hun. Y cwbl a all dyn ei ddweud bellach, fel y dywedir o hyd wrth ddwyn i gof rhywun dyrys neu anffodus, yw 'yr hen griadur'. *'Doedd* o ddim mor hen â hynny ond edrychai lawer yn hŷn na'i oed, – wedi hen foeli ar ei gorun a gwynnu a gwmpas ei war a'i glustiau, wedi stiffio cryn dipyn hefyd gan y cricymala, – effaith gorafiaith tua Rhydychen 'na yn nyddiau ei nerth, meddai rhai. Pwy ŵyr? Prun bynnag, tu ôl i ddesg Lyfrgell Rydd y Bala, mor ystyfnig-Seisnig ag erioed, y gwelais ef am y tro olaf. Bu farw ymhen blwyddyn wedyn. Wrth feddwl, y to o hogiau a oedd yn Nhytandomen gyda mi oedd yr un olaf i'w adnabod fel athro; mae hanner canrif er hynny.

A beth amdano fel athro? Fel Lladinwr? 'Roedd ganddo ddisgyblaeth go lem a gallai roi celpen gofiadwy. I weinyddu honno, byddai'n gafael ym mlaen llawes ei siaced a'i throi nes byddai'r botymau segur sydd ar lawes felly yn crafu ochr pen a boch y dioddefydd. Os byddai ambell un yn oedi'n rhy hir â'i ben yng nghist ei ddesg dan esgus chwilio am lyfr ond i guddio chwerthin mewn gwirionedd, byddai E.T. yn rhoi blaen troed o dan y caead a hergwd iddo nes byddai'n taro pen y swatiwr otano. 'Roedd ganddo ddwylo mawr a bysedd hirion, – dwylo pelodwr criced ac nid dwylo segur oeddynt. Rhan o gystrawen Lladin yw cytgord enw ac ansoddair ac un o gwestiynau allweddol E.T. (yn ei iaith ef) oedd 'How do adjectives agree with nouns?'. Wrth gwrs, 'roedd yn adnabod ei adar ac yn gofalu gofyn am ateb i ddechrau gan Rufeiniaid gwachul ac anghofus y dosbarth. Un o'r rheini, wedyn, yn ceisio bustachu cystrawen y buasai pob Quintus a Labienus a Thitus drwy'r holl Ymerodraeth yn codi aeliau wrth ei chlywed. Tri gair oedd yr ateb cywir, sef – yn iaith E.T. eto – 'gender, number, case'. Wedi cael hwnnw gan un o'r Rhufeiniaid hyffordd, E.T. wedyn yn cerdded at y cyntaf o'r esgeuluswyr, yn gafael yn galed â bys a bawd mewn tusw o wallt byr ei war a thynnu'r un esgeulus ar ei draed gerfydd y tusw a dweud, 'now, remember . . . gender (pliciad ffyrnig i'r tusw ar i fyny), number, (piciad i'r ochr), case (pliciad cryf ar i lawr nes oedd y Rhufeiniwr di-glem yn gorfod eistedd yn denc ar ei sedd). Rhaid ei fod yn ddull effeithiol, onid ê sut yr wyf yn dal i gofio'r ateb iawn hyd heddiw?

Ar ôl hanner canrif mae'n anodd barnu sut athro ydoedd. 'Rwyf yn siŵr ei fod yn treulio llawer gormod o amser yn y dosbarthiadau isaf gyda manylion elfennol yr iaith Lladin ac oherwydd hynny yn gogordroi gyda'r un pethau ar yr un gwastad yn rhy hir. Gyda'r dosbarthiadau uwch, y pedwerydd a'r pumed – 'roedd pethau'n cyflymu am fod arholiad y 'senior' yn dod ond canlyniad hyn oedd cythru dros bethau'n rhy gyflym er mwyn ceisio braenaru'r holl faes mewn rhyw flwyddyn a hanner. 'Dwn i ddim, ychwaith, faint o Ladinwr erbyn y Tridegau *oedd* yr hen gono. 'Doedd neb yn darllen y pwnc ar gyfer yr Arholiad Uwch yn y Chweched Dosbarth nac wedi gwneud hynny ers llawer blwyddyn. Fe geisiais gael dilyn y pwnc at yr 'Uwch' fy hunan ond gwrthodwyd y cais gan y prifathro heb roi dim gwir reswm am hynny. Tybed . . .?

Soniais am ei ddwylo cricedwr. Mae'n debyg ei fod yn ei ddydd yn gryn giamstar ar y chwarae. Weithiau, doi atom i'r cae chwarae a rhoi tipyn o hyfforddiant inni. Dylai batiwr, meddai, fedru amddiffyn ei wiced gyda dim byd lletach na ffon gyffredin. Dysgai'r pelodwyr i reoli hyd eu tafliad trwy osod hances neu bisyn o bapur gwyn ar y sbot lle dylai'r bêl ddisgyn; yna, amrywio'r hyd wedyn trwy newid lle'r pisyn gwyn. Aethai'n rhy stiff i fedru taflu pêl dros ysgwydd ond nid hawdd oedd bwrw ei belodau tan-ysgwydd a gallai beri i bêl wingo o'i llwybr o'r dde neu o'r chwith i'r batiwr gymaint a phum gradd a deugain. Na, beth bynnag fu ei hanes academaidd, 'roedd olion hen feistr ar ei griceda.

'Doedd o ddim yn boblogaidd gan bawb. 'Rwy'n rhyw led gredu mai ato ef y mae J. E. yn cyfeirio *(Tros Gymru)* ar dudalen 23, pan yw'n sôn am 'agwedd giaidd un athro at fachgen yn y dosbarth isaf, bachgen prin iawn ei Saesneg.' Gallai fod. Cymro diwreiddiedig ydoedd a fynnodd, yng ngeiriau cân Huw Jones, 'fod yn Sais' a synnwn i ddim nad oedd ganddo ryw ddirmyg gwaelodol at bopeth a'i hatgoffai y dylai fod yn Gymro. Cyn fy amser i yn yr ysgol, clywais ddweud ei fod yn waldiwr didrugaredd; cafodd fy nghefnder, Trebor, gosfa ganddo unwaith a oedd wedi peri niwed i'w lygad a allasai fod yn beryglus (y botymau llawes, decini) a bu fy modryb yn y Bala 'yn ei weld' ynglyn â'r peth. Ni welais i ddim byd fel yna yn digwydd; fel yr âi'n hŷn, falle'i fod yn dofi tipyn.

Ai mynd yn athro oedd ei fwriad? Neu'n offeiriad? Neu

beth? Nid yn athro, ddwedwn i, a byddai'n ddiddorol gwybod ar ba dir y penodwyd ef i'r swydd yn Nhytandomen. Ai am fod drysau eraill wedi eu cau yn ei erbyn? Bellach, mae ei genhedlaeth ef wedi hen ddiflannu ac ofer yw disgwyl ateb o'r cyfeiriad hwnnw. Mae mwy nag un genhedlaeth o'i ddisgyblion yn diflannu hefyd, ond annigonol fuasai eu hatebion hwy. Mae'n bosibl chwilota hen gofnodion a chael atebion rhannol. Ond wedi'r cwbl, i beth? Gadawn i'r hyn a fu fod a bodloni ar atgof hanner canrif: y llais cryf, caled, ar bnawn Iau yn Fform Ffeif:

'Thomas Henry Joseph, what are the chief parts of 'egredior'?

'Egredi . . . e – egressus sum, sir'.

'Yes, What does it mean?'

Distawrwydd poenus.

'Oh, come on Joseph; have you never heard of an 'egress'?'

Goleuhau. 'Yes sir'.

'Well, what's that?'

'A black woman, sir.'

8

'O! mor bêr...'

Nos Sul, Mawrth 16, 1975. 'Roeddwn i'n gwrando ar 'Rhwng Gwyl a Gwaith' ac eisoes wedi cael gwybodaeth newydd am Sul y Pys ac ar ôl hynny, wedi clywed Geraint Walters yn dweud fel y gwelodd ef lofruddio dyn yn nhre Gaiman yn y Wladfa. Ac yna, fe ddaeth; fe ddaeth y gyfaredd honno sy'n trawsnewid pethau – eu trawsnewid i mi. Er mwyn tipyn o ysgafnder, meddai I.B., mi gawn ni gôr Melinycoed i ganu inni. A dyma nhw'n dechrau arni:–

Oes mae gwlad sydd yn harddach na'r haul,
Ni a'i gwelwn hi draw draw yn glir . . .

'Dwn i ddim beth yw enw'r dôn, os oes ganddi enw, ond 'O, mor bêr' fu hi i mi bob amser. Mae'r pennill cyntaf yn rhydd gyfieithiad o eiriau gan S. F. Bennet ac fe'u ceir, tair pennill ohonynt, yn *Sacred Songs and Solos,* Ira D. Sankey. Dyma'r pennill cyntaf yn Saesneg:

There's a land that is fairer than day,
And by faith we can see it afar,
For the Father waits over the way
To prepare us a dwelling place there.

Yn dilyn ceir cytgan:

> In the sweet, by and by,
> We shall meet on that beautiful shore.

ac fe droswyd hwn hefyd i Gymraeg fel:

> O mor bêr, yn y man,
> Ni gawn gwrdd ar y lan brydferth draw.

Ond mae'r ddau bennill Saesneg sy'n weddill yn hollol wahanol. Dyma'r ail:

> We shall sing on that beautiful shore
> The melodious songs of the blest;
> And our spirits shall sorrow no more
> Not a sigh for the blessing of rest.

Ac yn Gymraeg:–

> Am y cynnal a'r cadw drwy'r daith,
> Am oludoedd y cariad mewn Iawn,
> Bydd y Drindod yn Undod heb drai
> Bydd y nefoedd o foliant yn llawn.

Dim byd tebyg; gwaith Cymro sicr ei afael ar ei ddiwinyddiaeth yw'r pennill hwn ac y mae'n hyfrytach a chrandiach peth o lawer na'r un Saesneg. Waeth imi heb â dyfynnu'r trydydd. Ac am y dôn sydd yn llyfr Sankey, waeth imi heb â cheisio barnu honno ychwaith; mae rhywfaint o debygrwydd rhyngddi ag un Dan Prothero, ond y mae hi, er hynny, yn 'dôn ddiarth' i mi.

Prun bynnag, nid ceisio ysgolheica ynghylch y gân a'r geiriau oedd fy mwriad o gwbl wrth ddechrau arni yn syth ar ôl i Ifas y Tryc gloi'r rhaglen am yr wythnos. Y gwir yw, 'doeddwn i ddim wedi clywed 'O mor bêr' ers hir amser ac yn sicr, ddim wedi ei chlywed gan gôr o hogiau cefn gwlad ers pan oeddwn i'n byw yn yr hen ardal. 'Roedd y côr hwn o Felinycoed yn ei chanu hi'n union fel y clywais i hi gan gorau pentrefi Edeirnion a Phenllyn ac Uwchaled hanner can mlynedd a deugain mlynedd yn ôl; yn dda ond heb fod yn rhy berffaith, yn gytûn ond heb fod yn rhy lyfn a slic: gellid synhwyro hefyd fod tipyn o wahaniaeth oed rhwng rhai o aelodau'r côr a'i gilydd.

Er nad yw'n ddarn hir, yr oedd y canu fel rhyw ddewin yn consurio llu o atgofion, lluniau, nawsau, dyfaliadau a hiraethau i'm meddwl a hynny bendramwnwgl ac ar draws ei gilydd. A dyna, yn y fan hyn, fy mhrif anhawster: sut mae gosod unrhyw lun a threfn ar y cyfan. Beth, er enghraifft, sydd a wnelo 'O mor bêr' â'r pell-deimlad sydd gennyf am dŷ fy modryb Kate fel y cofiaf ef tua 1925; am y Merica a rhyw stori braidd yn drist am rywun yn hwylio yno? Yn sicr, mae yna rywbeth Americanaidd i mi ynglŷn â'r darn yn rhywle: y cysylltiad â Dan Prothero wrth gwrs, ond mae 'na rywbeth arall heblaw hynny ac mae'r lled-atgof yma, heb sôn am y 'rhywbeth arall' yma ei hun, yn hen. Wedyn, wrth wrando, 'roeddwn i'n gweld pum lamp baraffin y capel gartre ar anterth eu golau a'u gwres a chwpan fach haearn a'i hwyneb i lawr yn siglo uwchben simne pob un a'r waliau yn rhedeg o chwys a llond y lle o bobol y cylch yn steddfota cyn y 'Dolig a'r nos yr un lliw ag inc yr ysgol tu allan i bob paen ffenest. Neu – amrantiad arall – pafiliwn steddfod Llandderfel nos Wener y Groglith a lleisiau yr ail bartïon meibion wrthi hi'n pereiddio'r holl le ac yn hofran uwchben y tyndra tu ôl ac yn addo i bawb y cawn gwrdd ar y lan brydferth draw . . . Fflach arall:–

Ie, tro doniol oedd hwn, tua hanner canrif yn ôl; John Tyngarreg a Bob Owen, ill dau wedi codi côr meibion erbyn steddfod leol y 'Dolig. Ar bob adeg arall gallai'r ddau hen lanc gydymddwyn yn weddol ond unwaith y deuai'n fater o gerddoriaeth 'roedd yr hen gythraul adnabyddus yn dechrau stwyrian. Drwg John, meddai'r teiliwr, oedd ei fod yn hel pobl i'w gôr o'r tu allan i'r ardal, lleisiau o fannau tramor fel Cwm Main, Bethel, a chyrrion Soar nes bod ei gôr yn mynd yn rhy gosmopolitan i ŵyl fach gartrefol syml. Y tro hwn, 'rwy'n cofio fod y ddau gôr i rihyrsio ar ôl yr oedfa, nos Sul cyn y steddfod. Fel arfer, rhoddid un i ymarfer yn y capel a'r llall yn y festri. Ond y tro hwn, roedd gan y teiliwr ddehongliad newydd o'r darn ac ni fynnai ar unrhyw gyfri i John ei glywed cyn y gystadleuaeth. Mynnodd gael y prif-athro i agor yr ysgol ddyddiol er mwyn iddo fod allan o glyw pawb o'r côr arall. Y dehongliad, yr 'arf cudd' oedd taro'r gair 'Oes' yn ei dalcen ar ddechrau'r darn a'i ddal allan am ddau onid tri churiad, – digon, beth bynnag, i ddangos fod bodolaeth y 'wlad sydd yn harddach na'r haul' mor gwbl sicr â phetai map ohoni yn atlas ysgol George Phillip Son & Nephew, Lerpwl. Wrth gwrs, 'roedd hyn yn 'gymryd rhyddid' mawr gyda'r amseriad a fwriadodd Dan Prothero ond waeth befo ddim am hynny; 'doedd yr arweinydd arall ddim wedi meddwl am y peth. Côr John, os cofiaf yn iawn, a enillodd er hynny am 'ganu'n wastad, cadw tempo da . . .' ac ati, mae'n siwr.

Ar ddiwedd y darn mae 'na rhyw fath o goda i gloi: gwrandawn ar hogiau Melinycoed wrthi. 'O mor bêr' ebe'r basars; 'yn y man', meddai'r tenoriaid yn glochaidd hyderus; 'ni gawn gwrdd' ebe'r basars eto a'r tenoriaid y tro hwn yn rhyw garlamu ar draws ei gilydd wrth ateb yn frysiog-ddiamynedd 'ni gawn gwrdd ar-y-lan-brydferth-dra-aw . . .' Y tenoriaid biau'r sioe yn y rhan yma o'r darn; dyma eu cyfle i fod yn llathraid, yn ariannaidd, yn hoyw fel nico yn yr uchelderau . . . A dyma fi'n clywed Dei Tynsgubor a'i weld o'n sefyll ar y chwith, ei lygaid, ei wyneb a'i holl gorff afrosgo yn dilyn pob symudiad gan yr arweinydd, fel hen lun o gantorion o'r Oesau Canol a welais i rywdro, yr un difrifwch unplyg garw cefn-gwladaidd, addolgar. 'Roedd gan Dei lais fel arian.

'Roedd y bennill gyntaf yn gwbl ddealladwy i bawb ohonom, yn blant a phobl mewn oed. Er ei symled, mae yn un o ddarnau barddonol sylfaenol ein hil. Ond gyda'r ail, yr oedd dryswch. Eto, mae rhyw sŵn crand rhyfeddol ynddo. Barddoniaeth ydyw yntau hefyd ond ei fod yn wahanol; barddoniaeth o'r un teulu, fel petai, â'r pennill sy'n sôn am

> Y Ddeddf o dan ei choron
> Cyfiawnder yn dweud digon
> A'r Tad yn gweiddi 'Bodlon',
> Yn yr Iawn . . .

Ni ddeëllais i mo hyn erioed. Chwedl Manawydan, 'y mae yma ryw ystyr hud', rhyw ddirgelion prif-lythrennog yn ymnyddu drwy'i gilydd ac, efallai mai dyna sut y mae i fod: dyma efallai yw'r hyn a eilw'r diwinyddion yn *mysterium tremendum*. Ond prun bynnag am hynny, nid yw rhythm

'O mor bêr' yn gadael inni bendrymu uwchben y peth ac y mae curiad a sigl y geiriau eu hunain yn peri i'w dirgeledigaethau ddawnsio yn ddigon gosgeiddig. Hyd y cofiaf, ni chafodd y darn erioed ddim dylanwad pruddaidd, tywyll, arnaf ac nid yw ei gwmni yn fy mhen ar ôl imi ei glywed neu ei ganu yn troi'n fwrn ac yn ormes arnaf.

Ond 'rwyf wedi troi i feirniadu'n llenyddol ac os na wyliaf bydd y feirniadaeth fel rhyw glogyn Inverness llaes a thrwchus wedi cuddio a mygu'r cyffro byw, uniongyrch a gefais wrth wrando'r darn. Ond po fwyaf a feddyliaf amdano mwyaf yn y byd y deffroir pob math o gysylltiadau, a mwyaf yw'r annhrefn. Eiliad yn ôl 'roedd rhyw fflach gyflym yn cysylltu 'O mor bêr' â hen set Meccano a oedd gennyf yn hogyn, – ond sut, beth oedd y gorgyffwrdd, 'does genn' i ddim syniad: gynted y daw y mae'r braidd-atgo wedi mynd fel pwff o wynt yn croesi anialwch y blynyddoedd sydd y tu ôl imi.

Ond dyma un dryswch yn unioni. Mi soniais am fy modryb Kate. Yn ei thŷ hi yr arferwn gymryd pryd ganol dydd pan oeddwn i'n mynychu ysgol Glanrafon. Rywdro tua dechrau'r ganrif, flynyddoedd cyn fy ngeni i, 'roedd gan fy mam a modryb Kate ffrind go arbennig: 'dwn i fawr ddim amdani, dim ond mai Miss Roberts oedd ei henw. Fe benderfynodd fynd i'r Merica, i le o'r enw Baltimore (dyna'r enw lle Americanaidd cyntaf imi ei ddysgu, 'rwy'n siŵr) a phan ddaeth yr amser iddi hwylio o Lerpwl, aeth fy mam a fy modryb i'w hebrwng i'r llong ger y Pier Head. 'Roedd gan fy mam dusw o flodau i'w rhoi iddi i fynd gyda hi i'r lanfa orllewinol bell tuhwnt i'r Iwerydd, ond rywsut neu'i gilydd, ynghanol cyffro'r ymwahanu a'r siarad a'r cofio am hyn a'r llall, y dyfalu am y fordaith a'r wlad newydd, – rhwng popeth, pan ddaeth yr amser i hebryngwyr adael y llong am y cei a datgysylltu'r bont oddi wrth lidiard y dec, fe anghofiwyd cyflwyno'r blodau.

A dyna lwybr yr hen atgof yn glir. Dan Prothero, y cerddor Americanaidd; y lan arall tuhwnt i'r môr . . . y lan brydferth draw; Miss Roberts yn gadael heb ei blodau ac yn aros, fel y digwyddodd, yn y Merica fyth wedyn am weddill ei hoes. 'Dwn i ddim pa flodau oedd yn y tusw ond wrth wrando ar y tenoriaid yn cwafrio 'ni gawn gwrdd ar y lan brydferth draw . . .' mi fydda' i'n gweld tusw o flodau na chyrhaeddodd y lan honno. Gwnewch chwi a fynnoch chwi o atgo fel'na.

9

Mae gan y morwr eryr

Fel ambell un arall ffolach a mwy sentimental na'i gilydd,
mae gennyf o hyd bentwr o hen lyfrau ymarferion ysgol, dau
ohonynt o'r adeg pan oeddwn yn mynychu Ysgol Elfennol
Llawrybetws ond y rhan fwyaf yn perthyn i'r amser y bûm
yn ysgol Tytandomen. Mae'n rhyfedd meddwl fod y diwedd-
araf o'r rhain dros hanner cant oed erbyn heddiw. Ymarfer-
ion Cymraeg a Saesneg, nodiadau annealladwy-frysiog a
sgriblid mewn dosbarth Hanes, crynodebau o werslyfrau,
traethodau lu, rhai gwael a rhai gweddol.

Paham y cedwais hwy ar hyd y blynyddoedd, 'dwn i ddim,
os nad ydynt yn dystion o fodolaeth rhywun a oedd yn
dwyn fy enw i ond sydd, erbyn heddiw, yn ddieithryn imi.
'Myfi ac eto ni myfi' chwedl Parry-Williams; rhywun a oedd
yn meddwl a gwybod pethau sydd heddiw, gan amlaf, wedi
mynd i ebargofiant llwyr gennyf.

Eto, mae rhai o'r pethau hynny'n aros; darnau chwâl a
digyswllt o ryw wybodau a gyfrennid inni gan ein hathrawon.
Dyna enwau fel 'sine', 'cosine', a 'tangent', mae a wnelont
rwy'n meddwl â thrigonometreg ac ar ryw dro ar fyd gallwn
eu diffinio beth bynnag am eu deall. Ynglyn â hwy hefyd yr

oedd tablau maith o ffigurau a elwid yn logarithmau a gwrth-logarithmau ac yr oedd rhaid cael y rhain i weithio'r trigonometri yma, ond sut oedd eu trin a beth oedd eu hystyr, – mae pob cof am hyn wedi diflannu. Wrth gwrs, 'roeddwn yn fathemategydd anobeithiol y pryd hynny, fel heddiw.

Dylunio. ('droio' i ni bryd hynny). Nid pwnc a ystyrrid yn bwysig oedd hwn, mae'n wir, ac nid oedd ei athro ddim mwy o artist nag oeddwn i. Weithiau, gadewid inni dynnu llun o rywbeth o'n dychymyg ein hunain ac un tro 'rwy'n cofio tipyn o stremits yn y dosbarth ynglyn â hyn. Wrth i'r athro fynd o gwmpas ar ddiwedd y wers i fwrw golwg dros gyraeddiadau ein dychmygion a marcio ein gwaith, daeth at Sei a'r cwbl oedd gan Sei oedd dalen lân o bapur. Dyma ddechrau coethi a gwylltu a chyfarth yn enbyd. 'Ble mae eich llun?' 'Fan hyn, syr' ebe Sei gan nodi cornel uchaf y ddalen wen o'i flaen. Craffodd yr athro: ' 'Does gennych chi ddim byd' meddai. 'Oes' meddai Sei a nodi rhywbeth â'i bensel ac yn wir, 'roedd yno rhyw dri marc bychan yn ymyl ei gilydd, prin y gellid eu gweld, leied oeddynt. 'A beth ydi hwn'na?' ebe'r athro yn goeglyd gan lacio llawes ei got i roi andros o glewten i Sei. 'Eroplên yn diflannu yn y pellter, syr!' ebe Sei gydag acen a llais pryderus artist a fuasai'n gori ar y fath syniad am ddyddiau. Wrth lwc, 'does gen' i ddim hen lyfr dylunio ar ôl.

Ond ynglyn â dysgu Lladin y mae gennyf yr atgofion cliriaf. Tybed sut y dysgir elfennau'r iaith honno erbyn hyn – os dysgir hwy o gwbl yn y byd anwar sydd ohoni bellach? Rhaid dal mai rhyfedd, a dweud y lleia', oedd rhai o'r dull-iau a arferid yn fy amser i yn yr hen ysgol a bûm yn meddwl amdanynt wedyn fwy nag unwaith. Meddwl, nid heb rhyw gilwenu, pa effaith a gaent arnom, dwr o blant o'r wlad a ddechreuai ddysgu'r treigladau berfol ac enwol yn nosbarth cyntaf ac ail yr hen ysgol? Rhyfedd yn wir yw meddwl am y gwersi hynny erbyn hyn a rhyfeddach meddwl inni wneud cystal ag y gwnaethom.

Wrth gwrs, lol oedd sôn am naws y bywyd Rhufeinig a phethau tebyg yr adeg hynny. Canys yr oedd y deunydd a gyfieithem yn anghyffredin, a dweud y lleiaf, ac anodd oedd dirnad oddi wrth y pethau a gyfieithem sut bobl mewn gwirionedd oedd y rhai a siaradai Ladin. 'Roedd eu sgwrs, i bob golwg yn rhyfeddol o undonog.

'Mae gan y morwr eryr'; dyna un frawddeg a gofiaf yn burion. O hynny, symudai'r ymresymiad i'r lluosog a deallem yn y man fod 'gan y morwyr eryrod', pob morwr trwy Rufain i gyd. Am rai misoedd gadewid ni i dybio nad oedd gan y morwyr hyn ddim byd arall ar eu helw ond eryrod, ac yna, un diwrnod datguddiad inni fod gan y morwyr longau hefyd ac mai ar ryw amser amhenodol yn y gorffennol y bu ganddynt eryrod. Wedi deall hynny, gallem wedyn anghofio'r eryrod a fu gan y morwyr ac ystyried y gosodiad fel cymal o ryw lên gwerin braidd yn od.

Wedyn, symud ymlaen at bethau eraill. Dysgid ni fod 'y tadau yng nghyfraith yn cyflwyno rhoddion i'r deml' a bod 'yr arglwydd yn rhoi tarianau a chleddyfau i'r gweision'. Eithaf naturiol oedd y gweithgareddau hyn hyd yn oed os oeddynt braidd yn ddibwrpas. Ond o dro i dro deuem ar draws gosodiad dipyn mwy cynhyrfus, sef bod 'y milwyr yn difetha'r ardd'. Yr oeddynt bob amser, hyd y cofiaf, yn difetha'r ardd. Anodd yn wir oedd credu gosodiad fel hwn canys fe'n dysgasid bob amser i feddwl mai yn y maes yn ymosod oedd lle milwyr ac nid mewn gerddi yn difetha cabaits a ffa a moron a phethau felly, pethau a oedd yn annheilwng o'r elyniaeth leiaf, gellid tybio. Ond wrth gwrs, y byd Lladinaidd oedd hwn lle gallai pethau cwbl wahanol i'n byd a'n hoes ni ddigwydd.

Julia, hyd y gallem farnu, oedd enw pob Rhufeines. A gwaith beunyddiol Julia ar ôl i'w gŵr fynd i'w swyddfa yn y Fforwm, oedd galw ar y caethwas neu estyn picell iddo. Fe gafodd y caethwas hwnnw, druan, ei alw filoedd o weithiau ond gallem goelio hynny am mai caethwas ydoedd ac am mai Julia oedd Julia. Ond beth yn y byd a wnai'r creadur dienw â'r holl bicelli yr oedd ei feistres mor hael ohonynt. Ble gallai gadw'r fath lwyn heglog a phigog? Nid yw picell fawr o les i ddim, ni ellir hyd yn oed cywain gwair â hi gan mai dim ond un pig sydd ganddi. Tryferu samwn yn y Tiber? Estyn afalau o ganghennau uchel? Ni lwyddais i ddatrys y dirgelwch hwn byth ac mae'r caethwas a'i bicellau yn un o broblemau annatrys y byd clasurol.

Ambell dro, caem gipdrem un gwarel megis, ar fywyd cymdeithasol y byd Lladin a'i arferion. Gwyddem fod 'gan y gelynion weision a meysydd'; arferai'r 'meistr roi colomennod i'r bechgyn'. 'Y mae gan y tadau-yng-nghyfraith a'r meibion-yng-nghyfraith feysydd' oedd un ffaith economaidd dra diddorol arall; mae'n debyg nad oedd gan y tadau a'r meibion cyffredin, go-iawn ddim meysydd; eryrod tybed? Neu ragor o bicellau – ond gan Claudia y tro hwn? A dyma damaid o wybodaeth ddiddorol iawn eto 'Mae'r caethweision duon yn boen i'r meistr'. Cip noeth, fel fflach ar sgrîn. Mewn un gwerslyfr dywedid 'Rhoes yr arglwydd faes i'r bechgyn'; cyfeiriad cynnar at waddoli maes chwarae i'r ieuenctid, heb os nac onibai. Ymddengys hefyd fod 'llawer o ddynion yn canmol Cato'; cyfeiriad eto, efallai, at adolygiadau ffafriol a wnaethpwyd ar lyfr newydd gan y gŵr hwnnw ar y pryd. Mewn un lle dywedid fod 'y milwr yn rhoi paun i'r ferch' ond wn i ddim yn wir beth i'w wneud o weithred fel yna.

Rhwng popeth, nid hawdd oedd cymhathu'r holl ddefnyddiau cymysg hyn yn un portread cyson o fywyd dinaswyr Rhufain yn yr amseroedd Clasurol, yn arbennig gan mai am ffermydd a ffriddoedd, defaid a gwartheg y gwyddem ni, hogiau'r wlad, fwyaf. Ond fe erys rhyw lun o bictiwr yn fy meddwl o hyd. Gallaf weld Labienus, gŵr Julia, yn codi'r ffôn yng nghyntedd ei fila moethus yng nghesail y Cwirinal, yn deialu Fforwm CLXXXVIII er mwyn cael gwybod y prisiau diweddaraf am eliffantod; yna yn cymryd ei frecwast o ydrawn ysgafn a chychwyn wedyn am ei swyddfa lle mae ei weision wrthi hi ers oriau eisoes. Yna, Julia yn galw ar y caethwas ac yn cuddio tu ôl i'r drws gyda phicell hir iawn a hynod flaenllym yn ei llaw a'r caethwas yn cerdded i'r ystafell yn ufudd a diniwed . . . Ac ambell waith, rhoddaf gip ar fy ngardd fy hun yma, yng ngwlad yr Ordovicii gwyllt (ai ynteu'r Venedoti?), trwy'r ffenestr gefn rhag ofn ei bod yn llawn o filwyr yn difetha fy mhys ac yn rheibio fy letis.

O ie, a'r morwyr. Ambell dro, wrth weld morwr mewn bws neu dren neu faes chwarae caf fy nhemtio i fynd ato a gofyn, 'maddeuwch i mi, ond a oes gennych chi eryr ar werth?'

10

Ceidrych a'i gylchgrawn

Rhyfedd fel yr anghofir rhai enwau a fu unwaith yn gymedrol amlwg a hysbys yn y ffurfafen lenyddol. Dyna Keidrych Rhys. Heddiw, ac ers talm o amser ni chlywir dim amdano; o leiaf, ni chlywais i. Y sôn diwethaf a gofiaf yw tua dechrau'r saith degau neu efallai ddiwedd y chwedegau pryd y rhoes pwyllgor llên Cyngor Celfyddydau Cymru swm o arian iddo i'w gynnal tra byddai wrth hi yn sgrifennu llyfr am hanes y lenyddiaeth a'r llenorion Eingl-Gymreig. Yr adeg honno, os iawn y cofiaf, 'roedd yn byw rywle yn Llundain neu'r cyffiniau. Afraid dweud, ni welwyd mo'r gyfrol ar hanes yr Eingl-Gymry hyd yn hyn ac y mae o leiaf bymtheng mlynedd wedi mynd heibio er pan gafwyd yr addewid amdani. Ni chlywais ychwaith fod Rhys wedi sgrifennu dim byd arall o bwys llenyddol yn ystod yr un cyfnod. Am ryw hyd, tua chanol y pumdegau, bu'n golygu colofn Gymraeg i'r papur Sul *The People* ond faint fu parhad hyn, ni wn.

Cymro Cymraeg o Langadog, Sir Gâr ydoedd (neu ydyw?) ond enw 'llenyddawl' yw'r un a arddelai yn ei gyhoeddiadau; yn wir, enw afon fechan neu nant yn ardal Llangadog yw Ceidrych. Mabwysiadodd Rhys y gytsain K pan aeth â'r enw gydag ef i ffeuau y byd llenyddol Saesneg; y pryd hynny, decini, ystyrrid hynny'n fwy rhyw bethma yn Lloegr nag C. Prun bynnag, mewn Saesneg y dewisodd Rhys sgrifennu y cwbl a wnaeth ac oddi wrth ei sylwadau yma ac acw ar Gymru gellir casglu mai cyfyng iawn oedd ei wybodaeth o lenyddiaeth a barddoniaeth Gymraeg ei hun. Oherwydd hynny, fel y digwydd weithiau mewn achosion o'r o'r fath, tuedda i sgrifennu'n ddilornus am lenyddiaeth Gymraeg, yn farddoniaeth a nofelau. Mae'n ddiau nad ei fai ef yw'r anwybodaeth hwn ond bai y math o addysg elfennol ac uwchradd a gawsai yn ystod ei febyd.

Dim ond y sawl a fu'n byw yno a all amgyffred mor snoblyd oedd lleoedd bach fel Llanymddyfri a Llandeilo ddeugain a hanner can mlynedd yn ôl. Edrychid ar y Gymraeg fel 'native lingo', rhywbeth llafar yn unig a rhywbeth y dylasai arfaeth yr Arglwydd fod wedi ei difa. Ar y gorau, gellid edrych arni fel math o ddoniolwch 'quaint' i'w oddef am fod cymaint o'i siaradwyr yn bobl y capeli. Yr agwedd yna o edrych-lawr-trwyn a etifeddodd Rhys; Saesneg oedd iaith y *cognoscenti* ac iaith llenyddiaeth 'bwysig'. Wrth gwrs, prysuraf i ddweud mai agwedd lleiafrif oedd hyn; 'roedd cymreictod gwerin sir Gâr yn ddigon iach a hoenus a gallai plant a ddeuent adre i weithio ar ôl dyddiau ysgol anghofio dylanwad seisnig yr ysgol yn ddigon rhwydd a chynhyrchu llenorion fel D. J. Williams a Leslie Richards.

*   *   *   *

'Dwn i ddim a oedd Rhys yn hysbys fel enw llenyddol cyn 1937; chlywais i ddim. Ond yn yr haf y flwyddyn honno, cyhoeddwyd y rhifyn cyntaf o gylchgrawn bach Saesneg o'r enw *Wales* ac ef oedd ei olygydd. Yr adeg hon 'roedd yn byw yn 'Penybont Farm, Llangadock *(sic)'* a dosberthid y cylchgrawn gan New Books, 4 Parten St., Llundain. Swllt oedd pris y rhifynnau cyntaf ond erbyn y rhifyn olaf daeth i *lawr* i chwecheiniog. Cofiaf brynu'r rhifyn cyntaf ar faes y Genedlaethol ym Machynlleth yr un haf. I orffen gyda hanes ei gyhoeddi; rhwng y rhifyn cyntaf hwn a'r un olaf yn ystod gaeaf 1939/40 cafwyd un rhifyn ar ddeg. Tebyg mai fel chwarterolyn y bwriedid ef. Ni wn faint o gopïau ohono a werthid, ychydig gannoedd mae'n debyg, ond daeth y diwedd gyda rhyfel 1939-45. Cyhoeddwyd, yn ddi-ddyddiad, un 'Wartime Broadsheet' o dan yr un teitl ac er bod dyn yn casglu mai'r bwriad oedd parhau'r dalennau hyn pan geid y cyfle, dim ond un ohonynt a gyhoeddwyd. Ym 1969, cafwyd adargraffiad ffotolitho o'r holl rifynnau gan gwmni Frank Cass, Llundain.

Yn ddiweddarach, bu dau adfywiad yn hanes y cylchgrawn ond nid oes a wnelof â'r cyfresi hynny yma y tro hwn.

Pan ymddangosodd y gyfres gyntaf hon, y prif ddiben oedd cyhoeddi barddoniaeth Saesneg gan awduron yr oedd ganddynt rhyw gysylltiad neu'i gilydd â Chymru. Daeth amryw o'r rhain yn bur amlwg ymhen blynyddoedd wedyn, Vernon Watkins, Idris Davies, Glyn Jones, Ken Etheridge (ond nid fel bardd). Am rai eraill, darfu'r sôn amdanynt: pwy oedd John Prichard, Charles Fisher, D. S. Savage, Elwyn Davies, Francis Dufau-Labeyrie (? Ffrancwr-Gymro) J. L. Sweeney, H. L. R. Edwards, Mair Evans, J. L. Hendry, – ac ambell un arall. Ble maent hwy erbyn hyn?

Ond yr enw 'mawr' mewn rhyddiaith a barddoniaeth Saesneg o Gymru yr adeg yma oedd Dylan Thomas, a'r enw mwy sy'n hofran fel cysgod dros y cwbl oedd James Joyce, awdur *Ulysses* a *Finnegan's Wake*. Yn y rhifyn cyntaf un mae gan Dylan Thomas ddarn o ryddiaith 'Prologue to an Adventure' sydd yn ddynwarediad o arddull Joyce yn y rhannau ymsonol, di-ddialog (a diflas o hir) o *Ulysses*. Sgrifennu rhyddiaith rhythmig, lle mae cerddediad a sigl y frawddeg yn gorbwyso'i rhesymedd – os iawn galw'r peth felly, – neu yn syml, sgrifennu barddonol:

> As I walked through the wilderness of this world, as I walked through the wilderness, as I walked through the city with the loud electric faces and the crowded petrols . . .

Gan ddilyn Joyce, (fe dybid) 'roedd sgrifennu fel hyn yn boblogaidd ar y pryd ac y mae Keidrych yntau yn ceisio gwneud yr un peth mewn darn o'r enw 'St. David's Day' fel hyn (t. 99):

Ten expert gunmen crouched against the shorthand onion visions of my sleeping bard. Leaving the rogue legend, the forecast broadcast morris showers, the tough humbug poets, we strolled to the ferryman, compatriot of the calibre helmsman, and of all who admire the excellent architecture of the blue bombing school . . .

Eithr nid rhyddiaith barddonol yw hyn ond medlai, taflu geiriau at ei gilydd yn ddisynnwyr. Yma a thraw yn y cylchgrawn ceir darnau disynnwyr tebyg gan awduron eraill sy'n ymrithio fel beirdd (gw. *Sona Dialect* gan ryw David Evans. t. 240) ac, wrth gwrs, fel arbrofwyr, serch nad oes modd dweud beth yw diben yr arbraw.

Arwydd yw pethau fel hyn o ansicrwydd amcan, o ddiffyg polisi a gweledigaeth. Nid oedd gan Keidrych nemor ddim crap ar yr hyn a sgrifennid ac a gyhoeddid yn Gymraeg; mae'n condemnio'r Eisteddfod Genedlaethol 'a vague thing called culture and Eisteddfod Genedlaethol Frenhinol Cymru ("o bedwar mesur ar hugain Dafydd ap Edmwnd")' Plwyfol, yn ei farn ef, yw llawer o nofelau Cymraeg ond ar tud. 249, wrth argymell cyfieithu ambell un i Saesneg fe ddywed, 'I can think of two short novels which are not too parochial and which sold well in the Welsh, – *Plassau'r (sic) Brenin* by D. Gwenallt Jones and *Monica* by Saunders Lewis'. Tybed ai dyma'r unig nofelau Cymraeg y gwyddai ef amdanynt?

Yn niffyg unrhyw wir wybodaeth o safle pethau yng Nghymru ac argyhoeddiadau yn eu cylch, nid yw ei gyfraniadau golygyddol yn ddim llawer mwy na chleber a chlonc ynghylch llenorion a chylchgronau Saesneg y dydd a phethau o'r fath. Llundeinig yw llawer o'r clonc.

Yn awr ac eilwaith cyhoeddir ambell ddarn sylweddol megis barddoniaeth gan Hugh McDiarmid, soned gan Gwenallt i S.L. (yn Gymraeg) ac ambell ddarn telynegol syml gan Idris Davies. Ysywaeth, mae'r darnau gordywyll-glyfar, ymhongar (a diwerth) yn gorbwyso'r cyfraniadau hyn yn ddirfawr.

*   *   *   *

Perthyn i gyfnod, 'period piece' o oes a aeth heibio yw'r *Wales* hwn bellach. Er ei holl ymhonni cymreictod, cylchgrawn trylwyr Saesneg ydyw wedi'r cwbl ond bod ei awduron – lawer ohonynt – yn byw yng Nghymru ar y pryd ac yn cael eu deunydd o'r wlad ac yn arbennig o ardaloedd diwydiannol Morgannwg a Mynwy. Ni bu dim gwir gysylltiad rhyngddo a llenyddiaeth Gymraeg, dim gwir ymgais i gyfieithu a throsi a dehongli, dim sgrifennu hanes llenyddiaeth Gymraeg yn Saesneg ac yn sicr dim ymgais i gyfathrachu â bywyd beunyddiol Cymru Gymraeg. Ni welir ynddo ddim sôn am *Y Llenor, Heddiw, Tir Newydd,* i enwi dim ond cylchgronau Cymraeg llenyddol y dydd; ni cheir adolygiadau ar weithiau llenyddol Cymraeg nac ar weithiau ysgolheigaidd sylfaenol bwysig fel *Canu Aneirin* a gyhoeddwyd yn ystod oes y cylchgrawn. Ffasiynau a safonau llenyddiaeth a beirniadaeth Llundain y dydd yw'r rhai a arddelir ac heb wybodaeth am gynnwys a hanes llên Cymru ei hun ni ellid disgwyl dim amgen.

Enillodd rhai o'r cyfranwyr fel y dywedais sylw amlwg yn Llundain a sicrhau lle yn hanes llenyddiaeth Lloegr. Bydd amryw o rai eraill yn cael eu rhestru rywdro ymhlith llenorion 'llai' y wlad honno ond gwaith ofer yw ceisio dyfarnu anfarwoldeb hyd yn oed i lenorion 'llai' ac felly fe'i gadawn hi yn fan'na.

11

Miss Janet Mitchell Davies

(1891 – 1976)

Hyd y gwelsom, ni roes dim un o'r papurau a'r cyfnodolion
Cymraeg linell o sylw i ymadawiad y chwaer uchod sydd yn
wrthrych hyn o ysgrif. Cofnodwyd ei harwyl mewn un neu
ddau o bapurau lleol Saesneg Morgannwg ac oddi wrth y
rhai hynny deallwn i'w llwch gael ei wasgaru ar gae neilltuol
sydd ar gyrrion pentre bach Trefflemin ym Mro Morgannwg.

Wedi ail ystyried, efallai nad annisgwyl oedd tawedog-
rwydd y Wasg Gymraeg ar y mater. Gwraig ddibriod, hynod
neilltuedig ac anghyhoeddus fu Miss Davies ar hyd ei hoes
ac nid tan yn lled ddiweddar y gwelwyd ei henw a pheth
o'i chynnyrch Llenyddol mewn un neu ddau o'n papurau
cenedlaethol. Hyd yn oed wedyn, nid mwy na rhyw chwech
neu saith o ddarnau a gyhoeddodd, y cyfan yn rhai myd-
ryddol (os nad ydym yn camgymeryd). Credwn ei bod wedi
anfon ambell lythyr at Olygydd y *Cymro* ynglŷn â materion
a oedd dan sylw ar y pryd ond hyd y gwyddom, dyna holl
swm ei chyhoeddiadau.

Fodd bynnag, fe sgrifennodd lawer mwy na'r hyn a
gyhoeddwyd ganddi. Cawsom y fraint o fynd drwy ei

phapurau a oedd, tan rhyw flwyddyn yn ôl, yng ngofal ei thwrneiod, y Mri. Dodson, Hablett, Pook & Hablett ac nid gormod yw dweud fod eu cynnwys a'u swm yn agoriad llygad nid bychan. Yma, ni allwn sylwi ar fwy na chyfran fechan o'r deunydd.

A barnu oddi wrth yr hyn a welir yn y papurau hyn, un o'r dylanwadau cyntaf a mwyaf arhosol ar Miss Davies oedd y lenores Americanaidd, Gertrude Stein (1874-1946). Yn ei dydd, yr oedd gan y wraig hon gryn enw ymhlith llenorion arbrofol a blaengar o bob lliw a llun a datblygodd yn llwyddiannus, ymhen amser, arddull a deunydd a oedd yn gwbl anarllenadwy. Bu hyn yn ymdrech galed iddi, wrth gwrs, ac ar ddechrau ei gyrfa nid yw ei gwaith mor anhydraidd. Un o'i brawddegau enwog yw 'A rose is a rose is a rose' ac ymhlith papurau cynnar Miss Davies, ceir math o ysgrif arbrofol (tua 1912?) sy'n agor gyda'r traethiad hwn 'Dyn ar ben to yw dyn ar ben to yw dyn ar ben to'. (I'w ddyfynnu'n gywir dylasem argraffu'r frawddeg ar ffurf triongl fel y sgrifennwyd hi ond byddai hyn yn rhoi gormod o straen ar adnoddau ein hargraffwyr heb sôn am wastraffu eu hamser). Gwelir dylanwad Miss Stein yn glir drwy'r holl ddarn; mae'n debyg mai Arbraw Llenyddol a fwriedid gan Miss Davies ond erbyn heddiw, ysywaeth, aeth yn amhosibl dweud beth oedd telerau na phwrpas yr arbraw ac ni wyddom beth a brofwyd ganddo, os yn wir, profi dim o gwbl. Anaml y bydd Arbrofion Llenyddol yn *profi* un dim, bod yn Arbraw yw eu pwrpas yn ôl y beirniaid llenyddol gorau ac os tuedda'r Arbraw i brofi rhywbeth neu'i gilydd, lled-ystyrrir ei fod yn fethiant.

*　　*　　*　　*

Rhag gwneud gormod o'r peth, dyna'r cyfan y gellir ac y dylid ei ddweud am ddylanwad Gertrude Stein ar Miss Davies. Ni fentrodd gyhoeddi dim un o'i harbrofion mewn annealledd; nid oedd y blynyddoedd rhwng 1912 a 1930 yn adeg rhy dda i feirdd tywyll yng Nghymru am fod gwaith pob un ohonynt bryd hynny yn rhyfeddol o eglur.

Ond ym 1962, daeth *Barn* i'r byd ac ymhen rhai blynyddoedd wedyn gwelwyd cyhoeddi ynddo ddarnau o sgrifennu a oedd yn anelu at ddau beth, sef bod yn dywyll a bod yn an-wreiddiol. I ddeall hyn, dylid cofio fod cwmni Penguin (yn bennaf) tua'r adeg yma wedi dechrau cyhoeddi nifer o ddetholiadau o weithiau beirdd lled anhysbys i Loegr o wledydd canol a de-ddwyrain Ewrop, cyfieithiadau o ieithoedd fel Magyar, Tsecheg, ac ati – ieithoedd anodd a thra dieithr gan mwyaf. Anodd hefyd a phur dywyll oedd gwaith y beirdd hyn ac i lawer o ddarllenwyr mae'n debyg mai'r peth mwyaf cofiadwy ynglŷn â hwy ydoedd odrwydd a dieithrwch eu henwau, – Pentigilisky, Krakpotowicz, Mbar, – rhai fel'na. A barnu oddi wrth siâp y darnau fel yr argreffid hwy yn Saesneg gellir dyfalu mai rhyw fath o *vers libre* yw'r gwreiddiol, *tres libre* hefyd, ond wrth gwrs, heb wybod iaith y wlad lle cyhoeddwyd hwy gyntaf mae'n amhosibl dweud.

Angen yw mam pob dyfais ebe'r hen air a dyna sut y bu hi y tro hwn. Cyn pen ychydig, wele amryw byd o feirdd ieuainc Cymraeg yn cyhoeddi efelychiadau a hyd yn oed lled-drosiadau o weithiau'r canol-ewropiaid hyn. Nid oeddym o'r blaen wedi cael lle i amau eu bod yn gwybod dim o ieithoedd gwreiddiol y darnau nac yn gwybod y fath amrywiaeth helaeth ohonynt. Adar prin, gredem ni cyn hyn, oedd y beirdd Cymraeg a oedd yn rhugl mewn Groeg Modern, Slofeneg, Serbo-Croateg a'r ieithoedd a grybwyllwyd eisoes. Fel arfer, yr ail iaith a ddysgir yn ysgolion uwchradd Cymru ar ôl Saesneg (fel yn Lloegr) yw Ffrangeg ac yn llai aml, Almaeneg, Cymraeg neu Sbaeneg. Mae'n rhaid felly mai ffrwyth astudiaeth breifat galed a chyflym oedd gwybodaeth rhai o'n beirdd o'r ieithoedd diarffordd hyn.

Wrth gwrs, nid trosiadau oedd y cyfan na hyd yn oed y rhan helaethaf o'r darnau newydd ond efelychiadau; sgrifennu 'ar ôl' rhyw farddyn tramor neu'i gilydd. Ond yr oedd hynny yn rhagdybio gwybodaeth fanwl o iaith y darnau a efelychid: yn wir, weithiau gellir gweld fod y bardd o Gymro wedi ymgolli cymaint yn yr iaith dramor nes bod cystrawen ei Gymraeg yn arwisgo dieithrwch yr iaith wreiddiol. Pethau fel 'yn ôl i'm rhieni', 'mor bell o'n gilydd' a chymalau tramoraidd tebyg sydd, fe ddichon, yn perthyn i droadau ymadrodd y Tsecheg neu'r Dochareg.

Ffaith arall bwysig hefyd yw fod y diddordeb a'r medr hwn mewn dysgu ieithoedd tramor pellennig yn cydoesi â'r cynnydd cyson a welwyd yn nifer y llyfrau gramadeg a geir yn y gyfres 'Teach Yourself'. Erbyn 1970, 'roedd y gyfres hon wedi dwnedu cymaint â deg ar hugain o ieithoedd gan gynnwys rhai cyffrous – ond diarffordd – fel Samöeg a Ffineg ac o tua 1970 ymlaen daeth dysgu ieithoedd fel hyn yn ffasiwn, yn enwedig pan oedd hynny'n debyg o ddod â chlod a sylw llenyddol i'r dysgwr. Yr abwyd hwn a barodd i gymaint o Gymry droi ati i ymlafnio drwy'r gramadegau a'u 'dysgu eu hunain' nid yn unig sut i drosi ond sut hefyd i efelychu barddoniaeth yr iaith, neu'r ieithoedd a ddysgent. Mewn gair, aeth y 'Teach Yourself . . .' yn 'Do It Yourself'. A pha fesur mwy cydweddol â gwaith felly na'r *vers libre*? Yn wir, barddoniaeth D.I.Y. *yw vers libre* ac mae'n anodd esbonio ei boblogrwydd yng Nghymru lle mae'r beirdd yn etifeddion traddodiad barddonol a phroffesiynnol a deunydd anhraethol uwch a mwy crefftus. Ond nid dyma'r lle i hela'r sgyfarnog yna.

Erbyn 1971, 'roedd Miss Davies mewn gwth o oedran ond parhai ei meddwl mor effro ag erioed i dueddiadau'r oes. Ym mis Gorffennaf y flwyddyn honno, cyhoeddodd *Barn* ddau o'i throsiadau cyntaf, sef 'Poenau' a 'Mynd a Dod'.* Dilyn y bardd Rwthenaidd cyfriniol Penti Giliski y mae yn y darn cyntaf ac efelychiad yn hytrach na throsiad ydyw. Fel y gŵyr y cyfarwydd, nid hawdd yw deall gwaith Giliski hyd yn oed i Rwtheniad o hil gerdd, mae ei arddull a'i ddeunydd bob amser yn dywyll, heb sôn am anawsterau'r iaith Rwtheneg ei hun. Dilyn y bardd Danaidd o Lübeck, Würst Sauerkraut, y mae 'Mynd a Dod'. Mewn byr amser, felly, gwelwn fod Miss Davies wedi dysgu dwy iaith dramor yn ddigon da i fedru gwerthfawrogi eu llenyddiaethau a dethol ohonynt.

Er mwyn dilyn ffasiwn beirdd ieuainc y dydd, ymroes ati i ddysgu amryw ieithoedd eraill tra dieithr, Erimoteg yn eu

---

* op. cit. tt. 265 a 270.

plith, a dengys ei gweddillion llenyddol ei bod wedi trosi ac efelychu pentwr helaeth o ddarnau barddonol yn yr ieithoedd hyn ond hyd y gwyddom, dim ond ychydig a gyhoeddodd. Erbyn tua 1973, '74, darfu chwiw ieithyddol ein beirdd ac aeth y rhelyw ohonynt yn ôl at gyfieithiadau Saesneg llyfrau'r Pengwyniaid; llai trafferthus, wedi'r cwbl, yw trosi trosiad Saesneg ac os na fynnwch ddweud hynny, bydd mwyafrif y darllenwyr yn meddwl mai trosi o'r gwreiddiol yr ydych prun bynnag. Hyn, mae'n debyg, a barodd i Miss Davies beidio â chyhoeddi mwy o'i darnau barddonol.

O dro i dro bu amryw yn holi paham na ellid cael casgliad cyflawn o'i gwaith. Yn ystod ei hoes ni bu Miss Davies yn chwannog i wneud un ac erbyn hyn nid hawdd fyddai cynnull ei holl weithiau; oherwydd cysylltiadau teuluol dyfarnodd yn ei hewyllys fod ei holl bapurau, personol a llenyddol, i'w trosglwyddo yn y man i lyfrgell Prifysgol Chinook, U.D.A. Dywed y twrneiod a grybwyllwyd uchod fod hyn yn awr wedi ei gyflawni. Yn Chinook y mae ei holl gynhyrchion bellach ac fel y gŵyr y cyfarwydd nid yw'r dre honno ymhell iawn o'r Badlands.

12

Cyw drycin o lyfr

Am gryn amser, yr oedd gennym gartref lyfr o'r enw 'Ein Dydd Ni Yng Ngoleuni Proffwydoliaeth' ac 'rwyf bron â bod yn siŵr fod copïau ohono ar gael yng nghartrefi eraill yr ardal yn ystod yr un adeg. 'Roedd ganddo glawr llian cadarn o liw gwyrdd tywyll a'r teitl wedi ei stampio arno mewn llythrennau euraid. Yn wir, fe'i hystyrrid yn llyfr digon drud ar y pryd, 12/6 'rwy'n meddwl (nes i bumpunt neu chwech heddiw) a'r rheswm paham fod cymaint o ffermwyr a thyddynwyr y fro wedi ei brynu oedd bod cryn 'wthio' wedi bod arno a rhyw ddyn neu'i gilydd yn dod o gwmpas y tai i'w hyrjio, fel y bydd Tystion Jehofa yn gwneud. Rheswm arall oedd ei fod yn llyfr Beiblaidd-grefyddol ac yn un y teimlai llawer y dylent ei brynu petai ddim ond fel addurn ar seld y llyfrau Sabathaidd. Cyfieithiad o'r Saesneg ydoedd ac mae genn' i frithgo' am weld copi o'r fersiwn Saesneg yn nhŷ rhywun neu'i gilydd; clawr glas, yn briodol iawn, oedd gan hwnnw.

'Dwn i ddim faint ohono a ddarllenodd fy nhad a mam. Fuo fo erioed yn un o'r clasuron crefyddol yn y tŷ fel *Gwaith Gurnal* neu *Cysondeb y Ffydd* yr 'hen Gynddylan'. Un o lyfrau'r ymylon ydoedd ac er na wyddwn i paham yr adeg honno, mae genn' i well syniad am y rheswm erbyn hyn. Ni ddarllenais innau nemor ddim arno ar y pryd ond fe'i simiais laweroedd o weithiau am ei fod yn orlawn o luniau, ac ym 1922 neu '23, dyweder, pethau prin i'w ryfeddu oedd llyfrau lluniau Cymraeg. Heb imi sylweddoli hynny fe gafodd y lluniau yma gryn effaith arnaf, 'rwy'n siŵr: pan brynais gopi ail law ohono o ran chwilfrydedd ymhen llawer blwyddyn wedyn yn siop Ralph yn Abertawe (am ddim ond deunaw ceiniog – yr hen geiniog!) a mynd drwyddo o ddalen i ddalen 'roedd y lluniau'n atgyfodi hen atgofion a chysylltion a nawsau nas profaswn ers hanner canrif. A'r tro hwn, darllenais beth arno.

Gwaith rhyw W. A. Spicer ydyw ac fe'i cyhoeddwyd gan 'The Stanborough Press Ltd., Watford, Herts. Digon Seisnig, gellid meddwl, ond er hynny 'rwy'n lled amau mai Americanwr oedd y Spicer yma er na allaf brofi hynny ar ddu a gwyn. Mae llawer o'i eglurebau a'i hanesion yn rhai am bethau a ddigwyddodd, medd Spicer, yn y 'Merica ac mae rhyw lythrenogrwydd a diniweidrwydd o gwmpas y deunydd sy'n atgoffa dyn o grefyddau od a thywyll y wlad honno o ddewiniaeth Salem ymlaen, – nid bod llawer o'r crefyddau hynny yn bethau diniwed na christnogol o bell ffordd!

Troswyd y llyfr i Gymraeg gan 'yr Athro M. B. Owen, B.D., Caerfyrddin'. Pan ddaeth y llyfr i'n tŷ ni gynta', mae'n siŵr nad oedd yr enw yna yn golygu dim mwy imi nag enw Spicer. Ond yn awr, gwelaf mai'r Athro Morris Brynllwyn Owen (1875-1949) o'r Coleg Presbyteraidd, Caerfyrddin oedd y cyfieithydd a neb llai. Yn ôl Dewi Eirug Davies yn ei *Hoff Ddysgedig Nyth* (t. 204) 'roedd yr Athro Owen yn un o'r ddau gyntaf i ennill gradd B.D. Prifysgol Cymru. Cymro, wedi ei eni yn y Crymllwyn Bach, Abererch, sir Gaernarfon, ydoedd. Rhwng 1907 a 1912, bu'n athro Athroniaeth Crefydd yn y 'Presbi' ac o 1912 hyd 1949 bu'n athro Hanes yr Eglwys yno. Coffheir ef yn ail gyfrol *Y Bywgraffiadur Cymreig* gan y Doctor Tom Richards a cheir portread diddorol ohono gan Dewi Eirug yn y llyfr a nodais. Ond nid yw'r un o'r ddau yn sôn am y gwaith rhyfedd ac annisgwyl yma a wnaeth. Pa bryd y bu hynny, mae'n anodd dweud am nad oes dyddiad ar gyfrol Spicer yn unman; dyfalaf mai'n fuan ar ôl y Rhyfel Mawr oedd hi, tua 1919 neu 1920, efallai, canys ceir cyfeiriadau yma a thraw at y rhyfel hwnnw ac at ei ddiwedd. Yr hyn sy'n ddirgelwch i mi yw paham fod ysgolhaig mor alluog a gwybodus ag M. B. Owen wedi rhoi cymaint o'i amser i drosi 372 tudalen o'r math yma o stwff i Gymraeg – a'i drosi ar frys, dybiwn i, canys digon afrwydd yw'r brawddegu yn aml.

Bedyddiwr oedd Owen a dyna, mae'n debyg, oedd y brawd Spicer; mewn un lle (tt. 201-05) mae'n trafod mater bedydd ac yn dyfarnu'n bendant mai trochi piau hi os ydych am wneud job iawn o'r peth. Ond ar wahân i ambell drafodaeth ddigon synhwyrol fel hon, mae'n anodd gweld pa apêl a allai fod yn y gwaith i ysgolhaig fel Owen. Ffrâm y cynnwys, yn fras, yw sôn am ddaroganau yn y Beibl, yn Llyfr Daniel a'r Datguddiad yn bennaf (ac er lles iawn-bwylledd cyffredinol, mae'n biti, greda' i, fod y ddau lyfr yma erioed wedi eu sgrifennu), daroganau ynghylch sut y bydd pethau mewn amseroedd i ddod ac yn neilltuol felly ynghylch diwedd y byd. Yna, disgrifir digwyddiadau a fu, yn America amryw ohonynt, o tua 1750 ymlaen sydd, i Spicer, yn bethau a rag-fynegwyd yn y llyfrau Beiblaidd a nodwyd. Er enghraifft: yn Dat. 6 : 13, sonnir am y sêr yn syrthio fel ffigys oddi ar bren y ffrwyth hwnnw (cymhariaeth ddigon annelwig, fel y sylwodd Gŵr Pen y Bryn un tro). Yn awr, ar Dachwedd 13, 1833, yn ôl Spicer, bu 'cawod fawr o wreichion serol' rhwng culfor Mecsico a Haliffacs. Mân feteorau neu 'lefyr awyrol' (gair M.B.O.) oedd y gwreichion. Ond yn ôl Spicer, dyma'r sêr ffigys - debyg yr oedd awdur Llyfr y Datguddiad yn sôn amdanynt. Hyd y gwelaf, nid yw'n dangos fod y gawod wedi rhagflaenu dim byd dramatig neu gatastroffaidd ac yn y llun sydd gyda'r stori, gwelwn nifer o Haliffacswyr (decini) allan ar stryd yn edrych i'r awyr ac i bob golwg, yn mwynhau'r sioe. Ond ar y cyfan, deil Spicer mai arwydd o ddiwedd byd yw peth fel hyn. Arwyddion eraill yw daear-gryn fawr a thywyllu'r haul: cyflawnwyd y darogan am y naill yn Lisbon 1755, ac am y llall, cafwyd dydd tywyll ym Mai 1780, – eto yn y Merica. (Mae'r bardd Whittier yn cyfeirio at y peth yn ei gân 'Abraham Davenport'). 'Ing y cenhedloedd' meddir, yw'r arwydd arall ac enghraifft gampus o hynny oedd y Rhyfel Mawr ac hefyd y terfysgu a'r streiciau a gafwyd ar ei ôl. (Ac yma, gyda llaw, mae Spicer yn benthyca peth o retoreg gwrth-Lafurol yr *Hearst Magazine:* t. 114).

Beth bynnag a dybid ar y pryd y cyhoeddwyd y llyfr am ddehongliadau fel y rhai hyn, fe welwn erbyn heddiw mai ofergoelion sy'n perthyn i fyd chwedlau'r bwci-bo ydynt. Crefft y daroganwr oedd medru cymhwyso gosodiadau cwbl amhendant a phenagored at ryw amser a lle penodol: dweud, er enghraifft, mai'r ddamwain drên a ddigwyddodd ddoe yn y fan-a'r-fan oedd yr *union* beth a olygai Plenydd Alawn a Gwron (a'u tebyg) yn y cynoesoedd pan sonient am 'ddifrod ar daith' neu 'gyflafan symudol' neu ryw gymal o'r fath a allai ffitio cant a mil o ddigwyddiadau eraill cwbl annhebyg i ddamwain ar reilffordd. Ar raddfa fwy cyfyngedig a llai bygythiol, yr oedd Robert Roberts Caergybi gynt, yn ei almanaciau, yn ymarfer yr un ymhonni wrth broffwydo'r tywydd. 'Gwynt a glaw/yma a thraw,' meddai am ganol mis Tachwedd, ond y peth yw, beth yw maint, cwmpas, arwynebedd yr ymadrodd 'yma a thraw'? 'Oer a rhewllyd/am ryw ennyd', meddai wedyn am ganol Ionawr, ond faint yw 'ryw ennyd'?

Prun bynnag am hynny, nid y pethau hyn a dynnai fy sylw pan brynodd fy nhad y llyfr ond y lluniau. Mae'r rheini eto wedi ymrannu'n ddwy agwedd, fel y deunydd mewn print. Ar un llaw, ceir lluniau o Iddewon a dwyreinwyr barfog, hynafaidd gyda gwalltiau hirion tebyg iawn i hipïod heddiw ond eu bod yn edrych yn llai sgryfflyd. Lluniau fel hyn a geid o Iddewon bob amser yn y gwerslyfrau Ysgol Sul ac fe gymerodd flynyddoedd imi sylweddoli nad cenedl o hen bobl, a dim ond rhai felly, oedd yr Israeliaid! Weithiau, mae'r llyfr yn dangos lluniau o'u dinasoedd a'u tai ac ambell dro, mannau mwy gwledig fel gardd Eden neu'r pwll bedyddio yn yr Iorddonen. Dyna un wedd. Ond wedyn, ar y llaw arall, ceir lluniau o bethau diweddar megis 'Y Pab yn mynd i San Bedr o'r Vatican' a llun o'r 'Vatican' ei hun (mae'r holl lyfr yn ddychrynllyd o wrth-babyddol). 'Chydig a feddyliwn ym 1922 neu '23 y dôi amser pryd y treuliwn wythnosau a misoedd yn gweithio yn yr adeiladau hyn ac y cawn, un dygwyl Dewi, sgwrs gyda'r Pab: tybed, yn wir, ai'r lluniau hyn a brociodd fy niddordeb cyntaf yn Rhufain a San Pedr. Ond y pryd hynny, wrth gwrs, chwedl dylwyth teg a phalasau hud oedd y cyfan i gyd.

Ond mwy rhyfeddol yw'r lluniau o'r pedwar bwystfil y mae llyfr Daniel yn sôn amdanynt. Dyma gongrineros! Mae'n debyg y buasent yn codi arswyd arnaf onibai mod i'n byw yn Llawrybetws ar y pryd ac mewn hinsawdd lle na allai'r fath erchylldodau fyw ond tu ôl i fariau menajeri! Y cyntaf yw llew mawr efo adenydd – dwy ohonyn nhw – yn tyfu allan o ganol ei gefn; 'adenydd eryr' meddai Daniel. Creadur llym, brwnt yr olwg, ond digon llonydd – o leiaf, pan dynnwyd ei lun. Mae'r ail fwystfil yn 'debyg i arth' ac mae ganddo rywbeth yn ei geg. Clamp o lanc, a barnu oddi wrth fesur pethau yn yr olygfa o'i gwmpas ac mae ganddo hen olwg filain, aflonydd. Yr odiaf yw'r trydydd; llewpard efo pedwar o bennau a'r un faint o adenydd – fel sy gan was y neidr; mae'n sefyll ar ymyl craig a rhyw luwch gwyn fel tonnau môr yn torri ar y dde iddo. Ynglyn â hwn, 'rwy'n cofio pyslan a fuasai ei saethu yn un o'i bennau yn ddigon i'w ladd ai ynteu a fuasai'n rhaid ergydio pob pen yn ei dro – a hynny'n gyflym cyn iddo gael amser i droi! Fel oeddym yn dadlau'r broblem hon ar un prynhawn gwlyb, barn Jac Glan Ffreuar, fy mêt ysgol, oedd mai anelu am ei galon oedd orau a'r peth mwyaf darbodus gyda 12-bôr (siot rhif 3). Ond y pedwerydd bwystfil oedd y boi. 'Roedd ar ddod allan o'r môr, yn edrych yn ffyrnig i'w ryfeddu efo'i geg fawr ar hanner agor ac yn y geg honno, yn ôl y llyfr, yr oedd 'dannedd mawrion o haiarn' – tebyg i ddannedd oged neu ewinedd drag. Mwy na hynny, 'roedd ganddo res o ddeg o gyrn ar ei ben. *Deg!*

Fel y gellid disgwyl, mae'r llyfr yn frith o luniau angylion, sef dynion (neu ferched, anodd bod yn siŵr) mewn rhyw fath o grysau nos hirllaes a phâr o adenydd hirion ar eu cefnau. Sefyll yn llonydd y mae'r rhan fwyaf ond ceir llun un ohonynt yn hedfan yn ei hyd, fel petai, ac eisoes wedi dechrau arafu ac anelu tuag i lawr am ryw faes glanio rhwng y coed a welir otano. Hyd y gallaf gofio, ni bûm erioed yn credu ym modolaeth y creaduriaid hyn ond, fel Dylan Thomas yn un o'i storïau, 'rwy'n cofio fod rhai o'm cyfoedion ysgol a minnau yn crigo am na allem hedfan ambell bnawn Sadwrn ôl a blaen ar draws yr ardal a thros y Berwyn lle'r oedd sir Drefaldwyn ac, fe ddywedid, – y Sowth. Erbyn mynd i'r ysgol uwchradd, 'roedd chwedlau am hedfan i'r Lleuad mewn llong ofod wyddonol a ddarllenwn yn y *Boys' Magazine* a chyfnodolion tebyg wedi llwyr ddisodli pob sôn am angylion. Mewn un man, 'roedd llun o'r Hen Fachgen ei hun; yntau gydag adenydd hirfain ac wyneb a thalcen nid annhebyg i luniau Sidney Paget o Sherlock Holmes!

At ei gilydd, mae'n debyg for Spicer, pwy bynnag ydoedd, *yn* credu fod diwedd y byd yn ymyl ac nad drwg o beth fyddai hynny, o'i gymryd drwodd a thro. Cred fod y Chwyldro Ffrengig wedi rhoi ergyd farwol i'r Babaeth, ond yn od ddigon, nid yw'n sôn gair am Chwyldro Rwsia ym 1917. Arwydd arall fod diwedd y byd yn nesáu, medd ef, yw'r diddordeb mawr mewn ysbrydegaeth a wêl yn ymledu i bobman. Diafol-addoliaeth ydyw meddai, ac mae cyn waethed onid yn waeth na'r Babaeth a'r 'Vatican'.

Ond dyna fe. 'Dwn i ddim i ble'r aeth y copi oedd gennym gartref 'slawer dydd. 'Roedd fy rhieni yn ysgrythurwyr sicrach na mi o lawer ond go brin, 'rwy'n meddwl, eu bod hwy'n llyncu'r syniad fod cymeriad o'r Hen Fyd fel Daniel, neu Ioan ym Mhatmos yn rhagfynegi dyfodol Ewrop o 1750 ymlaen. Mwy nag y buasent yn credu Nostradamus neu Gorneliws Agrippa – pe gwyddent am y brodyr hynny. Tybed pwy wnaeth y lluniau? 'Does dim i ddweud o ble y cafwyd hwy. Mae dros drigain yn cymryd tudalen lawn ac y mae degau o rai llai. Nid rhyfedd ei fod yn llyfr drud. Nid oes dim pwt o gyflwyniad gan y cyfieithydd ar y dechrau i ddweud beth a'i cymhellodd i'r fath lafur a phaham y dewisodd waith awdur mor hygoelus a dibwys. Yn *Hoff Ddysgedig Nyth* mae llun da o Morris Brynllwyn Owen (t. 65); bûm yn craffu ar yr wyneb cryf, milwraidd, a cheisio dyfalu beth yn y byd a barodd iddo afael yn y fath gymysgedd, deunydd na allai wneud dim lles i'w enw yn y byd academaidd, dybiwn i. Petai Spicer wedi darganfod fod

Daniel neu Lyfr y Datguddiad wedi darogan cyfieithu a chyhoeddi'r llyfr hwn yn Gymraeg, buasai'n dipyn o bluen. Tybed a yw'r Stanborough Press yn bod o hyd ai ynteu a yw hithau, fel y gawod o 'lefyr awyrol', wedi dod a diflannu? Pwy a bwniodd i'w pennau mai da o beth fuasai trosi'r llyfr i Gymraeg ac y byddai'n debyg o werthu fel mwg drwy'r holl wlad? 'Rwy'n ofni nad oes gan Broffwydoliaeth ddigon o foltiau i oleuo'r cwestiynau hyn ac felly, cystal ei gadael hi fan yna. Wedi'r cwbl, rhaid inni arbed *peth* dirgelwch i chwarae ag ef yn hyn o fyd Ein Dydd Ni.

Ôl-Nodyn – Mhen sbel wedi sgrifennu'r uchod, dangosodd cyfaill o weinidog imi gyfrol debyg i E.D.N. Yr un wasg, yr un deunydd, cynhyrchiad a rhwymiad campus, llu o luniau hynafgwyr Iddewaidd, barfog ac un llun (t. 124) o bobl orllewinol mewn cwrdd gweddi o ryw fath, lle dengys steil hetiau a sgertiau'r merched mai perthyn i'r cyfnod 1900-10 y mae'r digwyddiad. Uwch eu pennau, ymddengys bod tri neu bedwar angel yn torri i mewn drwy'r nenfwd. *Ein Cartref Paradwysaidd* yw teitl y llyfr, gwaith rhyw S. H. Lane sydd, yn ôl pob arwydd, yn fwy ofergoelus na'r brawd Spicer 'a ddywedasam ni uchod'. Cyfieithydd y llyfr, er hynny, yw Cymro tra dysgedig yn ei faes, sef Ifano Jones, 'Llyfrgellydd Cymreig Caerdydd' fel y dywedir ar yr wyneb-ddalen. Syndod eto. Sut y gallai Cymro o'r ganrif hon, gŵr o ddiwylliant dwfn, ganiatàu brawddeg fel hon, er enghraifft: 'Pan grewyd y byd, ymddengys i'r Arglwydd wneuthur ei ganol yn ystordy mawr i'r dyfroedd, ac arwyneb y ddaear yn gaead ar y gronfa aruthrol. Ni ddyfrheid y ddaear â glaw.' Wir yr!

13

David Jones: Prydeiniwr

Mae llawer wedi ei sgrifennu eisoes am David Jones yr artist a'r bardd ac nid heb gryn betruster yr wyf yn chwanegu at yr hyn sydd eisoes wedi ei ddweud amdano ac am ei waith. Mae'r gwaith hwnnw yn bur hysbys ers blynyddoedd bellach i'r byd Saesneg ar ddwy ochr Iwerydd ond prin yw'r diddordeb ynddo hyd yma beth bynnag ymhlith Cymry Cymraeg.

Ganwyd David Jones ym 1895 yn Brockley, sir Caint a bu farw ddiwedd Hydref 1974. 'Roedd ei dad yn hanfod o deulu Cymraeg yn Nhreffynnon, sir y Fflint ond nid oedd yn siarad Cymraeg ac ni fynnai i'w fab wybod yr iaith. Saesnes o Lundain oedd ei fam.

Artist ydoedd David Jones ac ni ddechreuodd sgrifennu nes oedd yn ddeuddeg ar hugain oed. Erbyn hynny, yr oedd wedi colli ei iechyd, yn bennaf oherwydd effeithiau ei brofiadau yn Rhyfel Byd 1914-18. Cyflead barddonol o'r profiadau hynny yw ei gyfrol gyntaf *In Parentheses* a gyhoeddwyd ym 1937. Ar ôl hynny, cyhoeddodd waith barddonol arall sef *The Anathemata* (1952). Casglwyd nifer o'i ysgrifau mewn rhyddiaith at ei gilydd a'u golygu gan

Harman Grisewood ym 1959 o dan y teitl *Epoch and Artist*. Cyhoeddwyd ei lyfr olaf, *The Sleeping Lord,* sef casgliad o ddarnau barddonol, yn ystod blwyddyn olaf ei oes. Pedair cyfrol. At hyn, dylid chwanegu rhai erthyglau megis ei Ragymadrodd i argraffiad Clover Hill o *The Rime of the Ancient Mariner* (1972) a rhai eraill y manylir arnynt yn *Poetry Wales* (Gaeaf 1972).

Nid dyma'r lle i geisio trafod y gweithiau hyn. Cawsant i gyd glod aruchel gan wŷr llên a beirdd Saesneg: digon, er enghraifft, yw dyfynnu barn W. H. Auden am *The Anathemata*: 'very probably the finest long poem in English this century'. Mae'n siŵr ddigon fod ei waith yn ychwanegiad pwysig at gyfoeth llenyddiaeth orau Lloegr yn y ganrif hon.

Ond ar hyd ei oes, bu ei linach Gymreig o ochr ei dad yn ei gyffroi a'i boeni a'i gyflyru. I'r beirniaid Saesneg, gydag ambell eithriad prin, y mae hyn yn beth annealladwy, yn rhyw fath o amherthnasedd od. Nid felly iddo ef, serch mai ysbeidiol iawn fu ei ymweliadau â bro ei gyndadau. Yn ei 'Autobiographical Talk' (*Epoch & Artist*. t. 25-31), dywed iddo yn blentyn ymweld unwaith â theulu ei dad a chasglwn iddo, yn bedair oed, ymweld â'i daid hefyd yn Llandrillo yn Rhos ac i hyn ymgysylltu yn ei feddwl ef yn ddiweddarach â stori Taliesin a Gwyddno a Maelgwn Gwynedd. Yn ddiweddarach, bu'n ymweld â mannau eraill yng Nghymru ac yn ystod ail hanner y dau ddegau bu'n byw am beth amser gydag Eric Gill yng Nghapel y Ffin. Bu hefyd yn aros droeon ar Ynys Bŷr.

Ond nid y rhannau Cymraeg o Gymru oedd y mannau hyn a'r unig Gymry Cymraeg a adnabu yn nyddiau ei febyd, fe ymddengys, oedd ei daid, tad ei dad. Yn ddiweddarach, wrth gwrs, daeth i adnabod Cymry eraill; un o'i bennaf ffrindiau oedd Saunders Lewis. Ceisiodd ddysgu Cymraeg ond ni bu llawer o lewyrch ar hynny, o leiaf dim digon iddo fedru sgrifennu gwaith ynddi. Yma a thraw, gwelir dyfyniadau Cymraeg ganddo a geiriau ac enwau unigol; defnyddiodd rai ohonynt yn ei waith llythrennu gwych. Rhaid bod y methiant hwn wedi bod yn gryn brofedigaeth iddo; gallasai gwybod yr iaith yn hyffordd a medru ei darllen yn rhwydd a chyd-drafod pynciau ynddi â'i ffrindiau o Gymry fod wedi rhoi cyfeiriad arall i'w waith ac i'w syniadau gwaelodol amdano'i hunan a'i fyd.

Am y byd hwnnw y soniaf am weddill hyn o lith.

Rywdro yn ystod ei ganol oed cynnar, troes at Eglwys Rufain a bu gan hynny ran go bwysig yn ffurfiant ei athroniaeth hanes yn ogystal ag yn ei farddoniaeth a'i ryddiaith. Eisoes, cyn troi'n Babydd, fe'i gwelai ei hun fel epil dau ddiwylliant a dwy genedl, sef Cymru a Lloegr. Ond mynnai mai un, mewn gwirionedd, oedd y ddwy genedl, sef yr hil (gwell gair yn y cyswllt hwn na chenedl) Brydeinig, ac fe gredai mai apotheosis yr hil honno oedd y Goron.

Dadlennir y syniadau hyn yn 'Wales and the Crown', erthygl yn *Epoch & Artist*. Darllediad oedd hon i ddechrau, ar y 23ain o Orffennaf 1953 pryd y coronwyd y frenhines bresennol. I David Jones, yr oedd Elisabeth II yn ymgorfforiad o goron oesol Ynys Brydain yn ein dydd ni ac fel hyn, medd ef, y gwêl Clio, Awen Hanes hi:

> she (Clio) sees behind that figure not only those figures as familiar to us all: Victoria, Farmer George, the great Elizabeth, sweet Richard, the Lord Edward Longshanks, Henry Beauclerc, the Confessor, Aelfred, the jewell of England, Edmund, flower of Martyrs, but she sees also figured who are as other as are any of these from each other, some of equal historicity: Cadwaladr the Blessed, the last Welsh king to have any pretensions touching the overlordship of the Island . . . And behind him there stand a recession of figures: Ambrosius Aurelianus or Emrys Wledig – And with Ambrosius is linked the name of Arthur . . .

Tu hwnt i Arthur, bu Rhufain a Rhufeindod ac ar achlysur y coroni ym 1953 fe ymgnawdolid a neilltuo yr holl orffennol hwn ym mherson Elisabeth II sydd, fyth oddi ar hynny yn gwisgo 'Coron Llundain'.

> It is very proper and necessary that the people of Wales should see the monarchy through the eyes of that most complex and unique tradition. It is their special inheritance and it is their alone to offer.

Problem David Jones oedd ei wreiddiau ef ei hun. Beth ydoedd, pwy ydoedd, i ba genedl y perthynai? Sut y gall, –

yn wir, a all – Cymro a Sais fyw yn yr un croen? Wrth ddisgrifio bywyd yn y ffosydd yn ystod y Rhyfel Mawr mae'r un broblem yn ei wynebu. Digwyddai bod Cymry a Saeson o'i gwmpas yn y fyddin ond y mae'n ceisio eu gweld fel un gymdeithas o filwyr Prydain. Meddai:

> Nothing could be more representative. These came from Wales. Together, they bore in their bodies the genuine tradition of the Island of Britain, from Bendigeid Vran (sic) to Jingle and Marie Lloyd. These were the children of Doll Tearsheet. Those are before Caratacus was. Both speak in parables, the wit of both is quick, both are natural poets.

Trwy'r gwaith hwn, myn David Jones weld yn yr ymladd yn Fflandrys a Ffrainc gysgodion ac eiliwiau brwydrau Catraeth ac Arthur Frenin ac arwyr Cymreig cynnar eraill. Hyn yw un o themâu cynhaliol y gwaith; y *weltanschauung* sy'n hydreiddio'r cyfan. Yr oedd y rhyfel hefyd yn rhan o frwydr bersonol David Jones wrth chwilio a darnodi ei wreiddiau fel Sais-Gymro neu Gymro-Sais. Ei ateb i'r broblem yn y pendraw yw'r un peth ag a draethwyd gan Mathew Arnold a Tom Ellis a dilynwyr tebyg yn eu dydd hwy, sef mai rhyw fath o hil gymysg o diwtoniaeth a cheltigiaeth yw pobl Prydain ac mai arwynebol, mewn gwirionedd, yw rhai o'r nodweddion y buasai llawer ohonom ni Gymry (a Saeson hefyd) yn eu hystyried yn nodau amgen sylfaenol a gwaelodol.

Ond yn wahanol i Arnold, yr oedd gan David Jones ofal a phryder am gadw Cymru yn uned ddaearyddol ac yn wlad Gymraeg. Sgrifennodd i'r *Guardian* a'r *Times* i brotestio yn erbyn dwyn tir Cymru a diwreiddio ei diwylliant. Nid rhyw lawer, yn ôl pob golwg, a wyddai am fywyd Cymru Gymraeg ac felly, y mae llawer o'i amddiffyniadau yn tynnu ar fytholeg a hen hanes y wlad. Prin oedd ei gyfleustra i ddysgu a darllen Cymraeg mewn lle fel Harrow ac am hynny gwlad yn bod yn fytholegol a llenyddol oedd Cymru Gymraeg iddo; ni ddaeth yn ddigon agos ati i'w hadnabod mewn gwirionedd, yn wahanol iawn i, dyweder, ysgolhaig fel Syr Idris Bell.

Ac yntau'n coleddu'r syniadau a nodwyd am hynafiaeth Prydeiniaeth, nid annisgwyl oedd iddo droi at Eglwys Rufain, sefydliad ac etifedd hynaf ymerodraeth Rhufain yn Ewrop beth bynnag am yr ynysoedd Prydeinig. Ni wn i ddim am ei gymhellion crefyddol dros wneud hyn ond mae'n amlwg fod gan y ffurfwasanaeth Rhufeinig a sain a ffurf geiriau Lladin y Missal apêl esthetig arbennig ato. Faint o Ladinwr ydoedd, nis gwn, ond yn ei weithiau ysgrifenedig a'i arysgrifau mae geiriau Lladin yn digwydd yn aml, yn yr un modd ag y digwydd geiriau Cymraeg ganddo. Ond geiriau a chymalau gwasgaredig ydynt, y rhan fwyaf, ond odid, allan o Ladin Eglwysig y Missal er bod ambell ddyfyniad yn dod o waith Fferyllt ac ambell fardd clasurol arall.

Mae gan y geiriau Lladin hyn eu cyfaredd iddo. Ond i'r darllenydd o Sais, fel i'r Cymro, maent, ar dro, yn ym-ddangos yn rhodresgar a diangen. E.e. 'for the *viae* are not independent of geology' (*Ana*: t. 71); 'in *urbs* throughout *orbis*' (S. Lord. t. 50), neu:

In all times of imperium save us when
mercatores come save us
from the guile of the negotiatores save us
from the missi
(S.Lord. t. 62)

Gellid dyfynnu llawer mwy ond digoned hynyna. Pwrpas defnyddio'r geiriau Lladin hyn yw cyfleu awyrgylch neu awra Lladinaidd Rufeinig. Fel gyda'r geiriau Cymraeg:

like fog on the *bryniau*
against the commissioners. (S.L. t. 63).

(gyda llaw, onid 'mist', nid 'fog' a geir ar y bryniau? Mae 'fog' erbyn heddiw, ta' beth, yn gysylltiedig â mwrllwch trefydd a dyffrynnoedd diwydiannol).

who must chant the Pater
and offer the *bendith*
(ib: t. 78)

Ond a yw hyn yn bosibl? Os am brofi awyrgylch Ladin-
aidd eglwys Rufain, yna barddoniaeth neu offeren Lladin
Canol amdani; yn yr un modd gydag awyrgylch Cymru
Gymraeg – barddoniaeth Gymraeg. Rhaid i mi addef, yn
philistaidd ddigon efallai, mai math o boendod i mi yw'r
dull macaronig yma, poendod nid annhebyg i'r hyn a gaf
wrth geisio datrys rhyw allwedd croesair mwy dyrys na'i
gilydd; digon difyr yn ei ffordd ond nid creu difyrrwch fel
hyn oedd bwriad y bardd. I rai eraill, gall y peth ymddangos
fel 'quaintness', rhywbeth difyr yn ei dro ond nid pwysig,
rhywbeth bach i'w gofio yng nghil sgwrs mewn cwmni am
rywbeth arall, – cwmni o Saeson wrth gwrs. Mewn gwir-
ionedd, pan roddir gair neu gymal o iaith arall i mewn
ynghanol cadwyn o frawddegau Saesneg, *nid yr un cynodiad
sydd ganddo* canys mae fel petai awyrgylch yr iaith sydd o'i
gwmpas, o'i flaen ac o'i ôl, yn ei newid a'i ddieithrio. Nid
yr un peth yw 'mae'r bryniau â niwl ar eu pennau' â 'like
fog on the *bryniau*'. Mae gweld gair Cymraeg yn ymddangos
yn sydyn fel hyn ynghanol brawddeg Saesneg yn creu
syndod, fel gweld rhywun a adwaenwn fel arfer yn ei ddillad
gwaith yn gwisgo dillad ciniawa ffurfiol a chrys bol deryn,
neu sylweddoli mai Twm Huw o'r fan-a'r-fan yw'r plisman
drama draw acw ar y llwyfan. Ac mae'n debyg, petaent ar
gael heddiw, mai fel yma y teimlai'r Rhufeiniaid wrth weld
geiriau eu hiaith hwy ynghanol cyfangorff iaith arall.

Wrth gwrs, fy ymateb personol i yw hyn. Mae'n debyg
fod rhai eraill sy'n gwybod Cymraeg a Lladin yn gallu
derbyn y dull hwn heb deimlo'i chwithigrwydd a'i ddieith-
rwch. Ac eto, 'rwy'n amau. Fy hunan, – ac yr wyf wedi
traethu hyn o'r blaen ar fwy nag un achlysur – ni allaf weld
y gellir cyfleu natur a naws iaith a bywyd un grŵp ieithyddol
trwy gyfrwng iaith arall. I raddau mawr iawn, mater o
gynodiadau yw iaith; yn eiriau, cymalau, brawddegau, dialog;
cynodiadau sydd wedi eu gwreiddio yn holl draddodiad a
gorffennol yr iaith honno a chynodiadau sydd hefyd, os yw'r
iaith yn fyw ac yn iach, yn casglu eiliwiau newydd atynt oddi
wrth rediad bywyd y presennol, yr amser sydd ohoni yma
ac yn awr. Ac y mae cynodiadau'r bywyd presennol hwn yn
dylanwadu a hydreiddio'r rhai a fu o'u blaen ac yn peri i

beth newid ddigwydd hefyd i'r rhai hynny. Mae iaith a chynodiadau a delweddau John Gwilym Jones, dyweder, yn creu ychydig newid yn y cynodiadau a'r *aurae* a welwn ac a deimlwn yn iaith canu Llywarch Hen neu Gynddelw Brydydd Mawr. Fel y gwelsoch ôf gwlad, os buoch yn ddigon ffodus, yn gweithio darn o haearn newydd i gant olwyn; nid yn y man lle'r asir y darn y mae'r newid ond yn y cant i gyd; mae'r *holl* gylch wedyn yn wahanol.

Fe ddengys hyn peth mor amhosibl yw cyfieithu llenyddiaeth un genedl i iaith cenedl arall *a'i gyflwyno fel yr un peth*. I mi, mae gwaith Kate Roberts, D. J. Williams a Tegla yn bethau *cwbl* wahanol yn Saesneg (fel y buasent petaent mewn unrhyw iaith arall wrth gwrs). Gellir cyfieithu da, ond pan ddigwyddo hynny creadigaeth *newydd* a geir, rhywbeth nad yw'n waith yr awdur gwreiddiol. Prin iawn, hyd y gwelais i, yw cyfieithiadau da fel yna o Gymraeg i Saesneg.

I ddod yn ôl at David Jones. Er cymaint ac er mor gwbl ddiffuant oedd ei hoffter ef o bethau Cymraeg, nid y Gymru y gŵyr ei thrigolion – Cymraeg na Saesneg – amdani sydd ganddo. Nid Rhufain sydd ganddo ychwaith. O lenyddiaeth hen a chwedlonol a chanol-oesol gan mwyaf y creodd ef y cymreictod a'r rhufeindod sydd yn cyhwfan o gylch ei baragraffau. Bu un beirniad o Sais, os cofiaf yn iawn, yn cwyno'n go hael am ei gymreictod, peth oedd yn fwy annealladwy iddo, decini, na'i rufeiniaeth a'i Ladin eglwysig, – nid yw'n cwyno am hynny. Gellir deall y cwyno, nid oedd y beirniad yn gwybod dim Cymraeg na dim am Gymry Cymraeg.

Nid yw hyn i gyd yn dibrisio corff gwaith David Jones fel y mae. Y prif beth yw ei gymryd fel creadigaeth sydd yn bod, megis, ynddi ei hun beth bynnag y gelwir hi. Nid peth Cymreig ydyw, nid peth Lladin-Rufeinig. Saesneg yw ei hiaith ac am hynny rhaid iddi berthyn i gorff llenyddiaeth Lloegr. Na sonier am ei 'helfennau' Cymreig na Rhufeinig (na Saesneg-Canol ychwaith o ran hynny); elfennau o David Jones ydynt a neb na dim arall. Ef sydd ar waith, yn straenio pob cymal o'i ddychymyg i geisio cyfleu profiadau a chynodiadau sydd yn rhan ohono ef ei hunan o flaen popeth arall. Dyna, hyd y gwelaf i, sut mae dod i'r afael â'i greadigaethau.

O dro i dro, fel y nodwyd, sgrifennwyd cryn lawer amdano

fel artist a llenor; rhoddwyd rhifyn cyfan o *Agenda* ac o *Poetry Wales* i drafod ei waith. Ond ar wahân i un neu ddau ni bu un Cymro Cymraeg yn ei drafod ac mae hynny'n drueni. Nid yw'r beirniaid Saesneg yn ddigon cyfarwydd â'r ffynonellau Cymraeg y mae David Jones yn troi atynt, – y Gododdin, Canu Llywarch Hen, chwedl Culhwch, canu Taliesin, etc:, ac o'r herwydd y maent yn osgoi sôn amdanynt a thrwy hynny yn colli golwg yn llwyr ar y wedd hon ar ei gynhyrchion fel bardd ac artist. Bûm yn ail ddarllen yr erthyglau yn y rhifyn a nodais o *Poetry Wales*: mae ynddo ddau gyfraniad gan Gymry Cymraeg, sef Pennar Davies a Saunders Lewis, dau y gellir bod yn siŵr eu bod yn gwybod yn union beth yw natur a gwerth y wedd Gymreig i waith David Jones. Nid yw'r gweddill yn gwneud mwy na chrybwyll y mater ond y mae ganddynt lawer i'w ddweud am rufeiniaeth y gweithiau a hynny, rhaid addef, yn ddigon diddorol a difyr. Trueni na cheid astudiaeth o'i holl waith gan ysgolhaig a beirniad o Gymro. Yn sicr, yr oedd ei gefndir a'i etifeddiaeth Gymraeg – hanner eglur ysywaeth, yn golygu llawer mwy iddo nag ydoedd i Dylan Thomas ac un praw o hynny yw'r modd y mae ei esbonwyr a'i feirniaid Saesneg yn ei hanwybyddu. Da y dywed Pennar wrth gloi ei erthygl yn *Poetry Wales*: 'I think it a pity that the prodigious effort put into the reading of things *into* Dylan Thomas could not have been more profitably employed in the reading of things *out* of David Jones'.

*　　　*　　　*　　　*

Tybed, erbyn hyn, a fyddai David Jones yn dal i goleddu ei synthesis brydeiniol? Yn sicr, byddai wedi dod i wybod mwy am ymdrechion Plaid Cymru, Cymdeithas yr Iaith, Mudiad Adfer ac ati dros ddiogelu arwahandod Cymru; gwybod hefyd am y cawcws mawr 'prydeiniol' sy'n gwrthwynebu hyn yn y Senedd ac ymhlith cymaint o gynghorau cyhoeddus Cymru ei hun. Mae'n anodd gennyf gredu y gallai, yn wyneb hyn i gyd, barhau i dderbyn y math o brydeindod yr wyf wedi sôn amdano yma. Coron Llundain yr Ail Gainc neu beidio, mae'n ormod straen ar ddychymyg dyn i weld teulu brenhinol Windsor na theulu Hanover o'u blaenau fel unrhyw fath o Gymry. Ac nid un o'r 'gwŷr aeth Gatraeth' yw Tommy Atkins y Saeson; peth sydd dipyn mwy eglur heddiw nag ydoedd ym 1914-18.

14

Tytandomen

Er mai dyna enw cywir yr ysgol a sefydlwyd ym 1712 trwy haelioni Meurig Ucheldre, nid fel yna y gelwid hi pan euthum i yno ddechrau Medi 1927. Erbyn hynny 'roedd y seisnigo mawr wedi llwyr orlifo pob addysg uwchradd ac aeth Tytandomen yn 'Bala Boys County School'. Cymry oedd holl aelodau ei staff a Chymry oedd pob un ohonom ninnau, blant, i bob pwrpas, ond Saesneg oedd iaith gyntaf y gwersi (ac eithrio Cymraeg ei hun), iaith y chwaraeon ac iaith sgwrs y staff ymhlith ei gilydd a chyda ninnau. Un o'r manteision o fyw hyd y dyddiau presennol yw medru gweld mor *anhygoel* bellach yr ymddengys hyn i gyd. Er bod pob un o'r athrawon yn Gymry Cymraeg, ni wyddwn i hynny am gryn amser a rhyw broses o hap a damwain oedd darganfod y ffaith ddiddorol hon amdanynt.

Waeth heb â thraethu a dwrdio am hyn yn awr. Cyfundrefn felltigedig y dydd ac awyddfryd rhieni oedd yn gyfrifol am ein diwreiddio, nid yr athrawon. I'r rheini, nid oes gennyf ond parch, hoffter, a hiraeth am eu clywed a'u gweld eto fel yr oeddynt yn eu bri pan welais hwy gyntaf. Erbyn heddiw, dim ond dau ohonynt a erys.

Tipyn o newid oedd hi i adael cwmni clos ysgol Glanrafon a mynd i ysgol fawr, fel y meddyliem ni bryd hynny, wyth milltir i ffwrdd. Ac ysgol mewn tre; mwy na hynny, ysgol lle byddai'n rhaid imi letya yn y dre dros yr wythnos am nad oedd dim modd imi fynd a dod i Benybryn bob dydd. Tipyn o newid yn wir.

Un o'r pethau cyntaf i'w gwneud, ar ôl gwybod mai ysgol y Bala fyddai fy hanes, oedd cael gafael ar lety. 'Dwn i ddim yn iawn sut y bu hyn, ond am rai troeon yn ystod y ddwy flynedd cyn y newid addysgol mawr bu fy rhieni yn prynu glo gan ŵr ifanc o'r Bala. Rhaid fod mater y llety wedi codi mewn rhyw sgwrs gydag ef ar un o'i ymweliadau; prun bynnag, at ei deulu ef, ei fam a'i chwaer, yr euthum i aros pan agorodd yr ysgol. Roedd hyn wedi ei benderfynu cyn dechrau'r term ac afraid dweud na bu gennyf i unrhyw lais yn y mater.

'Doeddwn i ddim yn gwybod rhyw lawer am y Bala. Gallaf gofio un ymweliad cynnar iawn â'r lle pan oeddwn tua chwech neu saith oed, os cymaint â hynny. Mynd i Sasiwn yn y siandri gyda nhad a mam ac er nad oes gennyf nemor ddim cof am y cyfarfod 'rwy'n credu, o wybod wedyn, mai John Williams Brynsiencyn oedd y pregethwr. Gan iddo ef farw ym mis Tachwedd 1921, mae'n rhaid nad oeddwn wedi cyrraedd fy saith oed o gryn dipyn. Ta' waeth: dim ond dau beth a gofiaf, sef pabell yn orlawn o bobl a golau yn llithro i mewn iddi drwy'r tyllau lle'r âi'r polion canol mawr drwy'r to, a'r peth arall oedd gweld copa tanc dŵr y trenau wrth groesi pont y lein cyn dod i'r dre; tanc crwn oedd o efo to crwn a rhyw lifar â chadwyn wrtho yn dod allan o'i grombil, y cwbl yn edrych fel cist ddŵr tŷ bach ond ei bod yn anferth. Ac yna, rai blynyddoedd yn ddiweddarach, bûm yno yn gweld Arddangosfa Genhadol fel y gelwid hi. Cynhelid honno yn yr Ysgol Goch sydd ar ffordd Maes-y-bronnydd ac yr oedd yn brofiad reit gyffrous gweld delwau o'r duwiau rhyfedd, bygythiol a hyll i'w ryfeddu yr oedd yr Indiaid yn eu haddoli. 'Roedd gan un ohonynt – Kali os cofiaf yn iawn – chwech o freichiau a chofiaf Jac Glan Ffriar yn dweud mai dyna'r math o aelod ddylem ei gael mewn tîm criced! Prin, dybiwn i, fod yr arddangosfa wedi creu unrhyw

98

awydd yn neb ohonom ni hogiau am fynd allan i'r India i unioni cyfeiliornadau crefyddol y brodorion, ond fel sioe 'roedd hi'n llwyddiant ac yn rhywbeth cwbl newydd, mae'n rhaid dweud.

A dyna, hyd y cofiaf bellach, swm a sylwedd fy ngwybodaeth uniongyrchol am dref y Bala cyn mynd yno i ddysgu Hanes a Lladin, Cemeg ac Algebra a Daearyddiaeth a phethau eraill yn yr hen ysgol. 'Roedd gan yr adeilad ei hun rywfaint o'r urddas hynafiaeth a gysylltir â hen ysgolion gramadeg 'cyhoeddus' Lloegr: arysgrif Ladin uwchben y prif borth a dwy bais arfau wedi eu cerfio mewn tywodfaen a'u gosod yn y muriau. Groeg, a hynny mewn llythrennau Groeg, oedd arwyddair y lle; chalepa ta kala – sef 'anodd y prydferth'. Cwareli bychain wedi eu gosod mewn plwm oedd rhai o'r ffenestri gyda chryn dipyn o eiddew ar rai o'r muriau o'u cwmpas: hen hen ddesgiau hefyd, a oedd yno reit siwr ers dyddiau R. T. Jenkins ac O. M. Edwards a Tom Ellis. 'Roedd wynebau rhai ohonynt wedi eu hacio gymaint gan genedlaethau o gerfwyr tra amaturaidd yn ceisio anfarwoldeb trwy frathu prif lythrennau eu henwau i'r pren fel mai anodd oedd sgrifennu ein gwersi arnynt heb gael cryn drwch o bapur o dan y ddalen! Ond ymhen rhyw ddwy flynedd, fe ddaeth pres o rywle a chafwyd desgiau newydd sbon; mae'n debyg mai tân fu hanes arysgrifau'r hen ddisgyblion wedyn, tynged a'm dysgodd yn gynnar iawn yn fy hanes nad oes dim un cofadail na chofnod yn parhau.

Richard Williams, M.A., oedd y prifathro ac ef a fu yn y swydd honno trwy gydol yr holl amser y bûm i yn yr ysgol. Mae'n debyg mai ei fwriad cyntaf oedd mynd i'r weinidogaeth gyda'r 'Hen Gorph' ond collodd ei iechyd am dymor a phenderfynodd fynd yn athro ar ôl iddo ail afael yn ei bethau. Ysgolhaig Groeg ydoedd ond ychydig o gyfle os dim a gafodd i ddysgu'r iaith honno yn ei ysgol. Enillodd ei radd M.A. am astudiaeth o hanes Thesalonica'r Testament Newydd pan oedd yn fyfyriwr yn Aberystwyth, ond Daearyddiaeth a ddysgai yn fy amser i ynghyd â Chymraeg gyda'r Chweched Dosbarth. Cymeriad llariaidd, hamddenol a bonheddig oedd yr hen Richard (neu Dic Wil fel y gelwid ef gan genhedlaeth ar ôl cenhedlaeth o fechgyn ei ysgol) ond yr oedd yn glir a threfnus yn ei waith. Credid, er hynny, y gallai fod yn dra pheryglus pan wylltiai o ddifri gyda throseddwr gwaeth na'r cyffredin, ond welais i ddim o'r ffit honno arno erioed. 'Roedd ganddo ddafaden binc ar ei dalcen a'r chwedl oedd y byddai'n hen bryd i bawb gilio o'i ffordd pan ddechreuai honno gochi. Perchid ef gan bawb yn y cylch ac fe'i hadweinid ymhobman ym Mhenllyn ac Edeirnion ac Uwchaled canys, ar wahân i'w waith gyda'r ysgol, pregethai ar y Suliau yn achlysurol gyda'r Methodist-iaid yn yr ardaloedd hyn. Yn wir, yr oedd yn hannu o deulu o bregethwyr; dyna oedd ei dad, Gruffydd Williams o Dalsarnau a'i ewythr, Isac Jones Williams, gweinidog Llan-dderfel ar un adeg ac yn eu tro, aeth ei ddau fab, Hefin ac Aled, yn weinidogion. At hyn hefyd, 'roedd ganddo ryw-faint o'r ysfa lenyddol ac fe sgrifennodd ddau waith y gellir, o hirbell megis, eu galw yn nofelau sef *Bwthyn Fy Nhaid Oliver* ac *Abia Bowen,* ond yr oedd hyn rywdro ym mlynyddoedd ei lencyndod. Ni cheisiodd sgrifennu nofelau wedyn ond fe gyhoeddodd ddau lyfr at iws ysgol; casgliad o ddarnau i'w crynhoi a'u cyfieithu oedd un, ond ni chofiaf ei deitl a *Llawlyfr Gramadeg Cymraeg* oedd y llall. Ysywaeth, cyhoeddwyd y gramadeg ym 1923, cyn newid yr orgraff ac felly, erbyn 1928, tipyn o embaras oedd hi i Ellis Evans – athro Cymraeg pob dosbarth ond y Chweched – orfod esbonio nad 'goreu', 'dechreu', 'boreu' ac ati oedd bellach yn gywir. Ninnau hogiau, wrth gwrs, yn gweld hyn, ac wrth ein bodd yn codi embaras ar Ellis trwy ofyn iddo'n ffug-bryderus yn y wers Gymraeg: 'Plîs Mr. Evans, onid 'dechr*au*' sy'n gywir? – 'dechreu' sy gan Mr. Williams fan hyn'. Byddai hyn yn taflu Ellis oddi ar ei echel yn llwyr: 'Mae Mr. Williams a minnau'n gwybod am hyn,' meddai yn ei lais trwynol, 'ryden ni'n *cytuno* bod yr orgraff wedi newid . . .', ac yna, *fortissimo,* 'ond dysgwch chi'r *cwbwl* o'r gramadeg yn lle codi manion fel hyn . . .!' 'Dwn i ddim pa mor gyffredinol oedd y defnydd a wneid o'r *Llawlyfr* trwy Gymru. Cafodd adolygiad bustlaidd ddigon gan Henry Lewis yn *Y Llenor* ac efallai i hynny glafychu ei gylchrediad.

Yn nes ymlaen, wedi cyrraedd llawn urddas y Chweched Dosbarth, daethom yn agosach o lawer at y Prif. Ef oedd ein hathro Cymraeg ac fel y dywedais 'roedd yn eglur a threfnus wrth fynd dros y maes llafur. Yr adeg honno, deuai genethod o Ysgol Ganolraddol y Merched atom, y rhai a oedd yn darllen Cymraeg fel pwnc, a pharai hynny embaras i Richard yntau weithiau. Gŵr o'r ganrif o'r blaen ydoedd a safonau'r ganrif honno, fel y tybir amdanynt, oedd ganddo wrth drafod llenyddiaeth ac, yn wir, pob agwedd ar fywyd. Ond yr oedd ambell ran o'r gwaith gosod yn arddel safonau canrifoedd cynharach; nid gwaith Fictoraidd yw stori Pwyll Pendefig Dyfed na Gweledigaeth Uffern Ellis Wynn. 'Roedd y naill glasur yn sôn am briodas fel 'a'r nos honno y cysgwyd ganddi' a'r llall yn sôn am 'gachty Liwsiffer' a chynio puteiniaid gyda throsolion eirias, a phethau tebyg. Gwaetha' modd, dosbarth cymysg o ryw ddeg ohonom oedd ganddo a'i ddull o fynd dros y testun oedd un yr Ysgol Sul, sef pob un ohonom yn ei dro yn darllen paragraff neu ddau. Wedyn, saib a Richard yn esbonio a nodi anawsterau ystyr a gramadeg y testun inni. Ond gyda'r testunau dan sylw byddai wedi bod drostynt yn reit drylwyr ymlaen llaw a chyn gynted ag y deuem o fewn lled paragraff i'r darnau anfictoraidd yma, byddai'n atal y darllenydd, yn manylu ar ddau neu dri phwynt ac yna, 'Mi awn ni ymlaen yn awr i dudalen rhif fel-ar-fel'. Nid oedd cysgod gwrid i fod i godi ar ddim un o fochau gwyryfol merched ysgol yr hen Ddorothi Jones ac mae'n debyg fod Richard yn ddigon diniwed i feddwl nad oeddym ni, hogiau a genod, yn sylwi ar y maniwfars hyn i amddiffyn ein purdeb ar draul esgeuluso'r testun. Ond nid felly: gwyddem fwy am bethau na hyn a'n prif uchelgais oedd ceisio bwrw i mewn i un o'r darnau 'glas' trwy ddarllen yn gyflym a chyrraedd yno cyn i'r hen fachgen sylweddoli hynny. Lwyddodd neb ohonom i ennill y gamp ond unwaith neu ddwy daethom yn ddigon agos i weld Richard yn cyffroi ac yn gweiddi, 'Dyna ddigon . . . dyna fo . . . stopiwch . . . trowch i dop tudalen . . .' a'i wyneb yn cochi fel machlud haul pinc ddiwedd Awst. Henshied wedyn am ddarllen yn ffôl o gyflym a sgaprwth yn lle mynd drwy'r gwaith yn dringar ac ystyriol! Tybed a wyddai ein dichell?

Ond rhedeg cyn cerdded yw hyn; nid ar y pinaclau yna yr oeddwn pan gyrhaeddais Dytandomen a'r Bala gyntaf ym men gario neges siop Tynant. Diwrnod dwl ynghanol mis Medi ydoedd ac ar ôl cyrraedd rhaid oedd cael hyd i'm llety yn stryd y Plase, cartref y gwerthwr glo. Wedi ei gael, deall bod tri o ardal Cerrigydrudion i gydfyw â mi yno, tri sgolor arall yn dechrau arni yn Nhytandomen. Erbyn te, ar ôl gorffen llafur y dydd yn yr ysgol – os llafur hefyd – daethom i adnabod ein gilydd. Tom, mab Perthillwydion oedd un, Gwyn o Gefnbrith oedd y llall a'r trydydd oedd Huw, eto o'r Cerrig ond ni chofiaf enw ci gartre erbyn hyn nac, yn wir, nemor ddim amdano yntau am mai am un term yn unig y bu gyda ni yn yr ysgol.

Ond pwysicach na hyd yn oed cwrdd â'n gilydd oedd dod wyneb yn wyneb â'n landledi, mam y gwerthwr glo. I ni, hogiau prin ddeuddengmlwydd, 'roedd Musus Davies yn hen wraig serch nad oedd, efallai, wedi croesi oed yr addewid. Gwisgai sgert laes ddu a diaddurn a siaradai yn finllym fel petai wedi treulio ei hoes yn disgyblu plant yn bur anghariadus mewn ysgol gynradd. Nid hir y buom dan ei chronglwyd na chawsom wybod bod yno Amodau a Disgyblaeth. Gwely erbyn deg a hynny heb dwrw yn y llofft na defnyddio mwy o olau cannwyll na'r hyn oedd yn rhaid wrtho i dynnu amdanom ac ymsythu yn ein gwelyau; dim darllen yn y gwely; Cyfarfod Gweddi yn festri Capel Mawr (Tegid) bob nos Lun a Seiat yn yr un lle bob nos Fercher a'n braint ni (gorfodol) oedd mynychu'r ddau gyfarfod hyn a gwrando ar duchan trist gweddïau saint y naill le a sylwadau cwbl ragddisgwyliedig yr un saint yn union yn y lle arall. Cystal dweud yn y fan hyn na theimlem ein bod yn derbyn unrhyw fendithion eithriadol na chofiadwy o'r naill gyfarfod na'r llall ac nad oeddym un gronyn cymhwysach i fynd i'r nefoedd ar ôl bod yn yr un ohonynt. Prun bynnag, nid oedd modd chwarae triwant am fod yr hen fusus ei hunan ymhob cynulliad o'r diadelloedd.

Hyd heddiw, er hynny, gallaf gofio a chlywed aroglau pitsh-pein y meinciau hirion, caled. Gosodid ni blant i eistedd ar y meinciau blaen ar ochr dde y festri ac ar ôl inni adrodd adnodau wrth un o'r blaenoriaid, ni chymerid rhagor o sylw ohonom. Ar fwrdd yng nghefn y llwyfan o'n blaenau, yr oedd pen-ddelw blastr o'r Dr. Lewis Edwards yn syllu arnom fel ysbryd yn ei wynder marwaidd fel petai wedi dod yn ôl o ryw fyd arall i gadw trefn arnom tra byddai'r gweinidog neu arweinydd y seiat yn cymowta rownd y gynulleidfa i chwilio am 'brofiadau'. I ni, 'roedd y cyfan yn henaidd heb neb yn dweud un dim oedd yn ddifyr a chyffrous ac yn anorfod bron fe'n cyflyrid i feddwl mai peth i hen bobl oedd crefydd. Wrth lwc, 'roedd gennym ein diddanydd ein hunain, un a ddaeth wedyn yn amlwg iawn fel artist a chartwnydd drwy Gymru gyfan, sef Meirion Roberts. Un o hogiau'r dre oedd Meirion a hyd yn oed yr adeg yma 'roedd ganddo ddawn ryfeddol i dynnu llun o unrhyw un a gallech ei adnabod ar amrantiad. A dyna oedd ein diddanwch yn sanhedrin farwaidd yr hen bobl, – Meirion yn tynnu eu lluniau ar bisyn o bapur, neu gefn llyfr tonau; Hwn-a-hwn barchus yn codi clamp o bot peint at ei geg, un arall yn smocio cetyn cam fel Sierloc Holms, un arall fel bocsiwr; parchusion hen y seiat – Siwpar Morgans, Prys Jones, W. R. Owen Porthywaen – y cwbl yn ymrithio a rhodresa yn y modd mwyaf anseiadol ac anghalfinaidd posibl. Digon yn wir i oleuo ein diflastod.

Ond prif ddiddordeb yr hen fusus y pryd hwnnw oedd y Genhadaeth, neu yn fwy manwl, Cenhadaeth Dramor yr 'Hen Gorph' yn India. A rheswm da paham, onid oedd ei merch hi eu hun yn llafurio ynghanol gwres dirfawr a phaganiaid y wlad dywyll honno, brodorion a oedd, fel y gwyddem, yn addoli pob math o dduwiau aml-freichiog ac yn arddel enwau rhyfedd yn dechrau efo'r llythyren U? Bratiog ac anghyflawn, mae'n wir, oedd ein gwybodaeth ni blant o gyflwr adfydus y brodorion hyn; go brin y gwyddai neb ohonom fwy amdanynt nag a glywsem ar gân yn emyn Nantlais a ddywedai'n bendant nad oedd yn China a thir-oedd Japan ddim ond eilunod o'u cylch ymhob man. Ie, ym *mhob* man, a dychmygem, er mor anodd oedd hynny – am dai a strydoedd, cymoedd a dyffrynoedd a gwastadeddau, aberoedd a stadau anferth, – y cwbl i gyd wedi eu llenwi ag eilunod a dim lle i neb droi heb wthio dwrn neu benelin i lygad neu glicied gên rhyw eilun hyllach na'i gilydd. A hyd y gwelem, ceisio torri eu ffordd drwy'r dyrfa cae-ffwtbol yma o eilunod oedd gwaith ein cenhadon.

Yn nhŷ'r hen Fusus, beth bynnag, ciwbiau sgwâr o bren gyda rhic ar eu tu uchaf, nid amgen Blychau Cenhadol, oedd yr eilunod. 'Roedd yno ddau neu dri ohonynt ac un ar siâp potel ffisig; perthyn i'r Genhadaeth Feddygol oedd hwnnw. Fel y dywedais, 'roedd Disgyblaeth yn y tŷ ac un wedd arni oedd Dirwyon. Er enghraifft, pe digwyddai i un ohonom golli jam neu smotyn o de ar y llian bwrdd, rhaid oedd talu dirwy o geiniog am bob smotyn, a phan gofier mai cwta chwecheiniog oedd ein dogn wythnosol o bres poced, 'roedd y dirwyon hyn yn brathu'n gas, – cymaint a 16.6% o'r rhan a ddigwyddai i ni o'r da am wythnos gyfan. Heblaw hyn, nid i'r hen Fusus yr âi'r ceiniogau ond i safnau anniwall y blychau cenhadol a'r Botel Genhadol Feddygol ar y dreser. Fel rhoi Gwawl yn y sach gynt.

'Nawr, heblaw nad oedd hyn yn creu dim hoffter ynom at y Genhadaeth yn India nac yn unman paganaidd arall, nac ychwaith yn meithrin unrhyw awyddfryd ynom am hwylio dros y cefnfor a mynd yn genhadon ein hunain, 'roeddym yn teimlo'r tollau hyn yn ormes ac annhegwch. Nid trwy ddirwyo pobl yr oedd dwyn paganiaid Casia a Mawphlang a Sylhet allan o'u tywyllwch i'r un math o oleuni ag a gynigid i ni ddwywaith yr wythnos yn festri Capel Tegid trwy orfodaeth. Cyn bo hir, fodd bynnag, daeth yn benllanw. Un prynhawn, 'roedd Tom Perthi wedi colli diferion te ddwywaith ar y llian a chreu dau smotyn o fewn rhyw droedfedd i'w gilydd. Gwelodd yr hen Fusus hwy ar unwaith ac yn ei llais mwyaf sgwlmarmaidd, 'Tom', meddai, 'dyna chi wedi gwneud dau staen ar y llian; *dwy* geiniog o ffein y tro yma!' Ond 'roedd hyn wedi ysgytio Tom o'i arafwch arferol. ' 'Rhoswch funud,' meddai, a gyda hynny gafael yn ei gwpan a thywallt digon o de ohoni ar y llian nes uno'r ddau smotyn yn un llyn helaeth. 'Ceiniog ydio 'rwân yntê?' meddai Tom a chodi i fwrw'i ddirwy i ric y Botel Genhadol. Lloriwyd yr hen wreigan am y tro, ond parhau a wnai'r ormes.

O'r diwedd, fe ddyfeisiais lwybr ymwared. Y flwyddyn cynt, cawsom sied wair newydd ym Mhenybryn a chofiais fod yno bentyrrau ar ôl o hyd o'r washars a ddefnyddir wrth hoelio'r sinc ar y tulathau. 'Roeddynt tua maint pisyn swllt a thua'r un trwch, i'r dim i ffitio safnau dihysbydd blychau cenhadol o bob math. Ac felly y Llun ar ôl stremits y llyn te, 'roedd gennyf gyflenwad digonol o washars i'r pedwar ohonom ac o hynny hyd ddiwedd ein tymor gyda'r hen Fusus, telid pob dirwy mewn washars. Yn wir, aethom braidd yn orawyddus i dalu dirwyon ac mae'n rhaid fod amryfal baganiaid tywyll India wedi derbyn symiau sylweddol mewn bathiad newydd sbon yr adeg yma. Gobeithio iddynt gael lles a bendith ohono, ond amdanaf fy hun, a'r tri arall hefyd greda' i, penderfynais nad y genhadaeth dramor yn India nac yn unman arall fyddai fy ngyrfa ar ôl gorffen prifio, addoli eilunod neu beidio.

Nid dyna ein hunig helbul. Cysgai'r pedwar ohonom mewn un llofft helaeth yn nhop y tŷ, dau ymhob gwely. Un bore, pan eisteddwn ar yr erchwyn i wisgo fy sanau dyma gornel isaf y gwely lle'r eisteddwn yn rhoi odditanaf nes oeddwn yn lefel â'r llawr. Am eiliad, ni wyddwn beth oedd yn bod, ond erbyn gweld, 'roedd coes y gornel honno o'r gwely wedi mynd drwy'r llawr a thrwy nenfwd y lolfa a oedd ar y llawr otanom. 'Roedd y tŷ i gyd yn hen a phlanciau lloriau ei lofftydd wedi bod yn bwydo pryfaid ers dyddiau Charles o'r Bala mae'n siŵr. Y gwir amdani oedd fod y lle braidd yn beryglus i fyw ynddo ond yn ein diniweidrwydd, syniem mai arnom ni oedd y bai am y fath lanast. Wedi mynd lawr i frecwast ar hyd ein tinau bu'n rhaid dweud wrth yr hen Fusus fod coes y gwely wedi mynd trwy lawr y llofft. 'Mi glywais i ryw sŵn' meddai, 'ac mi clywodd y gath o hefyd, 'roedd hi'n edrych ar i fyny!' Erbyn yr wythnos wedyn, rhoed planc newydd yn y llawr, ond bu raid inni dalu swllt a chwech bob un am y job. Hyd heddiw, 'rwy'n dal i edrych ar hwnnw fel Trydydd Taliad Anghyfiawn Ynys Prydain.

Wrth gwrs, nid oeddym dan bawen yr hen Fusus bob amser. Tua dau gan llath o'r tŷ, yr oedd unig neuadd gyhoeddus y Bala, lle sguboraidd llychlyd a elwid, o barch i oes a aethai heibio, yn Victoria Hall. (Dylid cofio, wrth fynd heibio, fod Victoria, – 'ein Banon' chwedl beirdd Cymraeg ei hoes – wedi ymweld â'r Bala ym 1889 a phrynu llathen neu ddwy o wlanen ffatri Trywerin yno. Am hyn, cafodd y siop yr hawl i osod y bais arfau frenhinol uwchben ei ffenestr er mwyn dangos mai yno 'by appointment' yr oedd teulu Hanover yn prynu eu gwlanenni.). Yn y Victoria Hall bob dydd Mawrth a dydd Iau yr oedd pictiwrs – lifing pictshiars fel y gelwid hwy gan y genhedlaeth hŷn. Cynhelid dau wasanaeth, sef un prynhawnol am bedwar (neu'r *matinée* fel y gelwid ef yn grand yn hysbyseb *Y Seren*) ac un hwyrol am wyth. Cwsmeriaid matinyddol oeddym ni, tair ceiniog y tro a dwyawr o eistedd ar gadeiriau celyd yn y mwrllwch Victoraidd.

Gŵr a gwraig o'r cyfenw Rowlands oedd yn trefnu'r sioe; Saeson am ddim a wn yn amgenach. Rhaid mai bywoliaeth go fain oedd hi, gŵr tenau a digon gwachul ei olwg oedd Rowlands ond 'roedd gwell cas cadw gan ei wraig. Ef oedd yn cychwyn yr injian oel yng nghefn y neuadd i wneud letrig ac ef wedyn ar ôl cael honno i hwyl, oedd yn gwylio'r peiriant dangos ffilmiau ac yn anelu ei drwyn at y sgrîn uwchben llwyfan y neuadd trwy dwll sgwâr yn y wal gefn. Ar dywydd oer a rhewllyd 'doedd dim hwyl tanio ar yr injian a dyna lle byddai twr pryderus ohonom o gwmpas drws ei chut yn gwylio ymdrechion y dyn i ddeffro'r piston. I wneud hynny, 'roedd ganddo lamp chwyth i dwymo rhyw beipen nes byddai honno'n cochi, ac yn y man dechreuai'r peiriant disian a thagu a smalio cychwyn; ninnau'n dal yn bryderus, ond nid fel rhai heb obaith. O'r diwedd, câi'r peiriant ddigon ar smalio a dechrau troi o ddifri i gorddi'r trydan allan o'r deinamo a'r un pryd, dacw wahanol nod-wyddau ar glociau'r bwrdd rheoli yn dechrau crynu a chodi i ddangos bod y letrig yn cryfhau ac mai mater o ddau neu dri munud fyddai hi cyn y byddem yn rhythu ar gowboi yn carlamu dros gefnen ddienw rywle yn y Bad Lands.

Rhyfedd i'n golwg ni, hogiau'r wlad, oedd y lluniau a ehedai o gefn y neuadd ar belydryn tanbaid peiriant Rowlands. Cyn bo hir, fel y byddai rhai o'r hogiau yn cymryd smôc slei-bach yn y seddau mwy anghysbell, byddai ffurf y pelydryn yn caledu fel petai, serch nad oedd y mwg yn amharu dim, am a welem, ar y llun a daflai ar y sgrîn. Yn wir, hyned oedd ambell ffilm fel mai amhosibl oedd dweud pa un ai ar y seliwloid neu yn awyrgylch y neuadd yr oedd y caddug yn crynhoi. Mewn rhai, 'roedd fel petai hi'n glawio'n drwm yn wastadol serch mai anialwch cringoch, llawn cacti anferth a ddangosai'r llun; tir na welsai ddefnyn o law ers amser y dilyw.

Ambell dro, ceid ysbaid olau tra byddai'r dyn yn newid rîl neu'n gosod llun arall ar gerdded. Fel arfer, 'roedd tair rhan i'r gwasanaeth. I ddechrau, ceid lluniau o ddigwyddiadau gwir, 'newyddion' ond eu bod dri neu bedwar mis oed cyn ein cyrraedd. Yna, y llun cytres neu'r 'sirial', parhâi hwnnw am tua chwarter awr neu ugain munud a dod i ben am y tro ar ganol rhyw gymhelri tra bygythiol a chyffrous megis trên o fewn canllath i'r arwr a glymasid ar draws y cledrau, neu wagen do ar fin plymio dros ddibyn erchyll tua Montana, neu Indiaid ar fin torri trwy glawdd amddiffynnol caer yr ymfudwyr . . . Yna, deuai'r prif lun.

A dyna gymysgedd, wrth edrych yn ôl arnynt, oedd y rheini; tonnau cyntaf dilyw y diddanwch Americanaidd yn torri ar benrhynau'r bywyd Cymraeg; llifeiriant a oedd, yn fy oes i, i orlifo i bob tre a phentre o'r bron ac i greu temlau i dduwiau dieithr – yr Odeon a'r Plaza, yr Alhambra a'r Majestic; temlau y datguddiadau seliwloid. Ar y dechrau, lluniau distaw, jerclyd a welid yn neuadd Victoria a dangosid rhediad y stori a'r ddialog trwy gymorth penawdau a brawddegau cwta ar y sgrîn. Ond ymhen dwy neu dair blynedd bu'n rhaid i Rowlands yntau ddilyn yr oes a dangos y ffilmiau llafar newydd. 'Talkies' oedd eu henwau ac er eu bod ar y pryd yn wythfed rhyfeddod, bu bron iddynt yrru'r hwch drwy ei siop, druan. Y drwg oedd, ni feddyliodd pensaer y neuadd, pwy bynnag ydoedd, erioed am y fath beth ag acwstigs nac, bid siŵr am luniau symudol yn siarad, ac felly, pan fwrid y 'talkie' ar y sgrîn, nid unrhyw fath o 'talk' a geid ond twrw byddarol ac aflafar yn rhowlio rownd yr hen le o wal i wal a neb yn deall dim un sill. Teneuai'r gynulleidfa o wythnos i wythnos hyd yn oed yn y matinïau a chafodd y consarn amser llwm iawn am rai misoedd a darogenid mai hyn fyddai ei ddiwedd. Ond rywsut, goroeswyd yr argyfwng ac 'roedd 'busnes fel arfer' yn y neuadd pan adewais Dytandomen a'r Bala.

Tybed beth fu hanes Rowlands wedyn? Tlawd ac ansicr ddigon oedd ei fara a chaws debygwn i ond ef, i mi beth bynnag, oedd lladmerydd cyntaf Americaniaeth. Ffrwyth ffantasïau Hollywood oedd y pictiwrs a ddangosai ac mewn hen ddyddiaduron o 1929 hyd 1932 mae teitlau rhai ohonynt gennyf. Ar Chwefror 21, 1929, bûm yn gweld anturiaethau 'White Sheik' ac ar y chweched o Fawrth yr un flwyddyn, 'Metropolis'. Rhyw naw teitl a nodais i gyd ond prin fod hynny'n ddegwm o'r cyfan a welais. Brawychus a bygythiol yw rhai o'r teitlau, megis 'The Bloodship', 'Hell's Heroes', 'Masks of the Devil', 'Phantom of the Opera' a phethau tebyg. Ond erbyn hyn:

> Fel niwl o afael y nant
> Y disôn ymadawsant . . .

Y gaeaf a'r gwanwyn oedd yr adeg i fynd i'r pictiwrs, 'roedd pethau eraill i'w gwneud yn yr haf. Hysbysebid y teitlau bob wythnos mewn termau eithafus fel 'colossal', 'scintillating', 'supreme', 'stupendous' ac ati a gan nad oedd neb ohonom ar y pryd yn feirniaid llenyddol tueddem i feddwl fod y stwff a welem yn gwir haeddu'r ansoddeiriau enfawr hyn.

Tybed yn wir ai ni, fy nghenedlaeth i o blant y wlad Gymraeg, oedd y rhai cyntaf i wynebu'r blaenllanw Americanaidd hwn? Ac os felly, beth oedd ei ddylanwad arnom? Ar wahân i borthi ein chwant naturiol am weld rhyfeddodau, nemor ddim 'rwy'n meddwl. Canys er inni wylio mwy na mwy o orchestion honedig Indiaid a chowbois, 'roedd gan y rhan fwyaf ohonom ormod o synnwyr cyffredin realistig y gwladwr i beidio â gweld mai gorchestion ffug oeddynt ac mai cowbois ac Indiaid ffug oedd yr actorion a'u cyflwynai inni. Fel plant ffermydd, fe wyddem ormod am wartheg a bustych a cheffylau i wir gredu'r straeon ac felly, chwedl Coleridge, ymatal anghrediniaeth o wirfodd dros dro a wnaem wrth fynychu'r gwasanaeth matini yn neml Rowlands. A chael hwyl.

Rhan bwysig o'r hwyl oedd mynd at y genod, genod Ysgol y Merched, sefydliad cyfochrog â Thytandomen ond un tebycach i leiandy o ran ei ddisgyblaeth nag i ysgol, yn enwedig disgyblaeth ar y serchiadau. Ond 'roedd neuadd Victoria yn rhydd a thuhwnt neu du allan i'r muriau fel petai, serch nad oedd hithau'n deml penrhyddid ychwaith. Canys trefn y Musus Rowlands oedd ein bod ni hogiau i eistedd ar ganol llawr y neuadd a'r genod ar y chwith inni, yr ochr arall i'r ali. Tra oedd ei gŵr yn ei focs wrthi hi'n corddi'r hen beiriant ffilmiau 'roedd ei wreigdda yn fflachio tors yng nghefn y neuadd yn achlysurol er mwyn sicrhau nad oedd dim mistimanars yn digwydd. Ond, chware teg, anaml oedd y fflachiadau. Rhyngddynt, a phan ddigwyddai i dywyllwch mwy nag arfer ordói'r Bar X Ranch ar y sgrîn, byddai'r hogiau yr oedd ganddynt gariadon yn sleifio â 'distaw duth' atynt ar draws yr ali. 'Rwy'n cofio am un hogyn yn ennill cryn enwogrwydd yn yr ymgyrchu hwn. Er mwyn osgoi pob pelydryn o dors Musus Rowlands, penderfynodd groesi ar ei fol – ar yr un egwyddor ag y mae awyrenwyr heddiw yn hedfan yn isel er mwyn osgoi pelydrau radar – a hynny a wnaeth. Ymrwyfodd dros blanciau'r llawr, rhwng cadeiriau ac otanynt a hynny mor ddi-sŵn ag unrhyw sgowt Indiaidd yn fforestydd Dakota. Gwaetha'r modd, nid oedd wedi rhybuddio'i gariad ymlaen llaw mai dyma fyddai ei ddull o ddod ati y tro hwnnw a phan ddaeth o fewn cyrraedd, bu'n ddigon annoeth i afael yn ei choes, rhyw fath o rag-gyfarchiad serchus fel petai. A hynny fu dinistr yr holl dacteg. Rhoes y ferch wawch fawr a oedd yn boddi hyd yn oed seiniau aflafar y sgrîn ac ar unwaith dyma'r wreigdda Rowlands yno a'r tro hwn 'roedd pelydryn ei thors 'spot on' fel y dywedir. Bu'n rhaid i J.O. godi'n dddafadaidd yng ngwarth ei fethiant a gwthio'i ffordd allan rhwng y seti ar ei draed, a ffrynt ei drywsus a'i gôt yn blastar o lwch. Allan i oerfel Tachwedd yn y Bala y bu rhaid iddo fynd.

Ambell dro, ddwywaith yn ystod fy mlynyddoedd yn y Bala, byddai Llyn Tegid ei hun yn ymweld â ni ym mhen uchaf y dref. Digwyddai hynny pan ddeuai storm fawr o wynt a glaw o gyfeiriad Llanuwchllyn. Ond nid dŵr glân y llyn ei hun a gaem; ni byddai hynny cynddrwg i'r trigolion lanhau ar ei ôl, ond yn hytrach dŵr seimllyd budr a gludid o balmentydd y dre trwy beipen fawr i ymyl dŵr y llyn. Hwnnw wedyn yn cael ei wthio'n ôl gan ruthr y gwynt a'r tonnau a chodi i'r strydoedd trwy fariau'r gridiau wrth y palmentydd ac i mewn i'r tai. Achosai lanast enbyd yn stryd

Aran a stryd y Plase oherwydd byddai tua deunaw modfedd o ddyfnder ohono ymhob tŷ a thros y strydoedd. Y tro cyntaf, fe ddaeth yn ystod y nos ac erbyn y bore ni allem fynd o'r tŷ nes i rywrai ddod a'n cario ni allan ar eu cefnau i dir sych. Nefoedd a ŵyr faint o ddrwg a wneid i sylfeini'r tai ond gallem weld y llanast a ddigwyddai i bob dodrefnyn o fewn ei gyrraedd ac i'r pethau a gedwid tu mewn i gypyrddau. Ymhen blynyddoedd wedyn fe setlwyd y broblem hon trwy ostwng lefel y llyn ac o hynny ymlaen, ni chlywais sôn amdano'n dod i'r dref.

* * * *

Ymadael, yn y man, fu hanes lluestwyr yr hen fusus, fodd bynnag. Mae Amodau a Disgyblaeth yn iawn yn eu lle a pheth digon iachus yw *ambell* ddôs o sefydliadau crefyddol bob rhyw hyn a hyn. Ond digon yw digon. Aeth Tom a Gwyn i fannau eraill ac ar ddiwedd term y Pasg, 1929, ffarweliais innau â'r lle, byth mwyach i groesi ei hiniog. Erbyn hynny, 'roedd bws i'w gael rhwng Corwen a'r Bala a'i gwnai'n rhwydd imi fynd a dod oddicartref i'r ysgol bob dydd. Ond ni fynnwn hynny; 'roedd byw yn y Bala gyda'r hogiau a'r genod eraill yn ormod o hwyl ac efallai hefyd, – Disgyblaeth neu beidio – fod byw mewn llety wedi dechrau gafael ynof. Bu batel ffyrnig rhwng fy rhieni a minnau ynglyn â'r peth, ond hwy a aeth â'r maen i'r wal ac am y term haf hwnnw bu'n rhaid imi ddod adre'n anfoddog ar y bws bob dydd. 'Roedd pob dadl gennyf wedi methu; – ei bod yn rhatach, bod mwy o gyfle i weithio gyda'm llyfrau fin nos (o ragrith!), dim rhaid cerdded at y bws drwy bob tywydd, ac ati. Ond i ddim pwrpas. 'Doedd dim ond un peth i'w wneud wedyn a hynny oedd *profi fy nadleuon*. Felly, yn yr arholiad pentymor am y flwyddyn honno, fe wneuthum, o fwriad, lanast o bethau ymhob pwnc. Dd'wedodd nhad a mam ddim byd pan welsant yr Adroddiad – y Riport hollbwysig am gynnydd eu mab; fu dim dweud y drefn a thaflu cylchau, ond o hynny ymlaen fu dim dod adre bob nos na sôn am hynny ychwaith.

Am y blynyddoedd wedyn, bûm mewn cymaint â phump

o letyau eraill ac y mae llawer peth yn gofiadwy i mi am bob un ohonynt. Gweithio yn y llofft yn Stanhope House ar gyfer arholiad y *Senior* yn ystod haf 1931 am fod y landlord yn fandsmon selog ac yn ymarfer ei gornet tenor yn rhy frwd lawr grisiau i neb fedru hel ei feddwl am ddim ond ei sŵn. 'If music be the food of love,' meddai Orsino yn *Twelfth Night* – a fanwl graffem ar y pryd, 'play on', Ond nid wrth swotio ar gyfer ailiollad y mae dymuno peth felly; wrth gwrs, 'roeddym yn rhy ifanc i feiddio dweud wrth ddyn yn ei fan am stwffio'i denor cornet! Yna, yr hen Fusus Lloyd, College View. 'Roedd tai y rhes hon yn bur hen ac yn ystod y nos byddai chwilod duon, lengoedd ohonynt, yn cynnal jamborî ar lawr y gegin. Job Gwyn a minnau wedyn oedd codi 'mhen rhyw chwarter awr ar ôl mynd i'r llofft, dod i lawr, tanio'r golau'n sydyn ac wedyn, gyda chymorth dwy sliper, waldio'r genfaint ddu gymaint allem nes byddai'r rhai byw wedi dianc i'w tyllau. Rhaw dân wedyn i hel cyrff y lladdedigion a'u taflu i weddill marwor y grât. Digwyddai'r gorchwyl hwn ddwywaith bob wythnos ond rhaid fod byddinoedd cadw'r chwilod yn ddihysbydd, ni chawsom weld diwedd y frwydr er iddi barhau blwyddyn.

Wedyn, blwyddyn mewn tŷ ar ffordd y Coleg (mae wedi hen ddiflannu erbyn hyn). Yno 'roeddym yn cyd-letya, ond nid yn yr un ystafell â'r Parchedig William Jones, gweinidog Methodistiaid y Parc a Moelygarnedd. Hen lanc; treuliodd ei holl ddyddiau yn llafurio yn y ddwy ardal hyn a hynny'n gwbl ddiabsen. Bron yn ddieithriad byddai'n cerdded i seiadau a chyfarfodydd wythnosol y ddau gapel ac nid bychan o bellter na rhwydd o ffordd oedd hi i'r ddau le a hynny ar bob tywydd. 'Roedd ganddo dafod finiog pan gyffroid ef a chryn ddawn i sgrifennu ond, rhaid addef, trwy lygaid anghyfrifol hogiau y gwelid ef gan Gwyn a minnau. Treuliai lawer o'i amser yn ystod y dydd yn sgrifennu ei ddyddiadur, nid rhyw lyfryn bach maint poced oedd hwnnw ond cyfrol gorffol fel *ledger* lle gallai drafod materion y dydd yn ogystal â'u cofnodi. Cofiaf weld rhes hir o'r cyfrolau hyn ganddo. Tybed ble maent erbyn hyn? Mi dybiwn i eu bod yn ddogfennau o bwys yn hanes bro a hanes meddwl a thynged gweinidog yn y fro honno serch mai go brin y gellid meddwl am William fel rhyw Kilvert Cymraeg. Ond nid sylwedydd diofal mohono. Mae un stori amdano mewn oedfa neu gynhadledd yng Nghapel Tegid y Bala a rhyw frawd wrthi hi'n traethu ar ei fater ac yntau, William, yn sgrifennu nodiadau am yr hyn a glywai, i bob golwg. Yn y man, aeth hyn yn boendod i'r siaradwr a thorrodd ar rediad ei araith i ddweud 'Mr. Jones, 'does dim angen ichwi nodi fy sylwadau ar bapur yn y fan ma!' 'Syr' ebe William, yn golomenaidd ddiniwed, 'tydw i ddim eto wedi clywed dim byd gwerth ei nodi'!

Fel llawer dyn unig, a dyn unig ydoedd er gwaethaf ei swydd, byddai'n ymgynghori llawer ag ef ei hun a hynny'n hyglyw pan dybiai nad oedd neb wrth law i'w glywed. Cofiaf fel y byddai Gwyn a minnau wrth godi yn y bore ac ymolchi yn y bathrwm am y pared â'i lofft ef yn ei glywed wrthi hi'n ymresymu a dadlau ag ef ei hun ynghylch rhyw faterion Hen Gorphaidd neu'i gilydd: 'Eisiau pwyllgor newydd, . . ie . . . un *newydd* . . . sydd, waeth inni heb â . . .', a chollem weddill yr ymresymiad yn sŵn gwagio'r dŵr o'r ddysgl ymolchi. Siaradai'n bwyllog gan ymestyn hyd diptoniaid a llafariaid fel petai'n blasu pob gair wrth ei ynganu. 'Roedd yn lled-ofalus o'i iechyd a chyn mynd i'w wely yn y gaeaf, byddai'n dod drwodd i'r gegin i mofyn glasied o laeth poeth gyda phupur ynddo neu, dro arall, lond cwpan o de cyrins duon er mwyn cadw annwyd i ffwrdd. Gallaf ei weld y munud yma yn troi wedyn am y grisiau, y glasied llaeth pupurllyd mewn un llaw, tusw o bapurau newydd a chylch-gronau o dan ei gesail a channwyll olau mewn canhwyllarn yn y llaw arall; rhoddai rhyw hanner bow inni wrth ddweud, 'Wel, nos da' cyn shwfflan yn bwyllog i fyny'r grisiau ac o'r golwg. Yn ôl a ddywedai ein landledi, gwisgai grys nos llaes wrth gysgu, nid pyjamas fel ni hogiau 'modern' a byddai'n dra gofalus i gadw hwnnw yn ei blygion wrth ei wisgo ac wrth ymorwedd. Yn wir, yr *oedd* un stori. – ond wnaf i ddim gwarantu ei dilysrwydd – mai ei ffordd o fynd i'r gwely oedd trwy sefyll ar ei waelod, gafael yn y dillad a'r cwrlid a'u codi at ei ên ac yna disgyn yn denc ar ei gefn gyda'r dillad yn daclus drosto a'r crys yn ei briod blygion o'i ên i'w sodlau. Gweithred nid annhebyg i neidio ar drampolin mewn mabolgampau i blant ac ieuenctid. Nid oedd yn smociwr ond bwytâi lawer o fferins, a'u rhannu hefyd, chwarae teg.

Trueni na buaswn yn hŷn a mwy cyfrifol a gwybodus pan ddeuthum i fyw o dan yr un gronglwyd ag ef. Clywais ef yn dweud un tro ei fod yn adnabod Emrys ap Iwan ac wedi ei glywed yn siarad a phregethu sawl tro. Hawdd y gallai hynny fod canys un o Ddyffryn Clwyd oedd William ac yn ŵr ifanc pan oedd Iwan ar ei anterth. Ond ni ddilynais y trywydd. Tybed a yw wedi sgrifennu rhywbeth am Emrys yn y dyddiaduron mawr anghyhoeddedig?

Ond nid lle i fyfyrwyr-yn-y-gegin fel ni oedd y llety hwn. Er carediced oedd gwraig y tŷ, nid oedd ball ar lifeiriant ei holi a'i siarad. Tua hanner awr wedi deg, a ninnau wedi bod yn ceisio sgrifennu neu ddysgu rhyw ddarn o waith neu'i gilydd erbyn drannoeth, byddai'n rhoi awgrym ei bod yn bryd inni gau'r mwdwl trwy ddweud 'darllen llawer sy' flinder i'r cnawd, medd y Pregethwr' Wedi clywed yr adnod honno, cau'r llyfrau wedyn ond, fel rheol, byddem wedi gofalu ymlaen llaw mynd â rhai pethau gyda ni i'r llofft yn nhop y tŷ ac yno, wrth olau cannwyll, caem dawelwch a mawr ryddhad o'r blinder y mae'r Pregethwr yn sôn amdano serch na wyddai hwnnw, wrth gwrs, un dim am ofynion arholiad yr Heiar.

Ddiwedd term yr haf, collais Gwyn Cefnbrith, fy mhartner mewn llawer hwyl a strach a gofid ar hyd y blynyddoedd. Gadawodd Dytandomen a mynd yn brentis fferyllydd tua Bae Colwyn. Gwyn oedd un o'r ffrindiau cywiraf a gefais erioed ac un, petai'n fyw heddiw, a all'sai gymedroli a chymhennu llawer ar hyn o lith.